U0058166

趣味科學

家庭及教室適用的活動

江麗莉　校閱

林翠湄　譯

I(T)P

Science Is Fun!

For Families and Classroom Groups

CAROL OPPENHEIM

CRACOM CORPORATION
St. Louis, Missouri

謹將此書獻給
我的奶奶 Sallie Lehman，
感謝她牽著我的手去欣賞野花之美；
我的丈夫 Art，
感謝他多年來的愛與鼓勵；
也紀念
我那喜歡野外風光的兒子 Jim。

譯者簡介

林 翠 湄

台灣省雲林縣人，

台灣師範大學家政教育研究所碩士，

曾任國中教師、研究助理，

現任國科會人文處副研究員，

譯有《益智角的設計與使用》、

《社會與人格發展》、

《幼兒全人教育》、

《理想的教學點子I—以重要經驗為中心設計日常計畫》、

《動作教學—幼兒重要的動作經驗》

作者簡介

　　Carol Oppenheim 是一位喜歡與兒童及成人分享對自然及科學之興趣的教師、妻子、母親和祖母。她畢業自 Webster 大學，主修兒童研究，也取得了兒童發展學會的執照。Carol 亦是 1992 年 Citicorp 教師發明獎的得獎者。

　　在幼兒園執教多年後，Carol 發展出一套她稱之為《趣味科學》的課程。1991 年她到密蘇里聖路易斯佛西斯學院（Forsyth School）擔任科學專家之前，她一直擔任「巡迴教師」的工作，在這段期間裡，她都使用這套課程。Carol 在承辦教師及父母研習營時也指導成人。

　　Carol 是幼兒教育學會的會員，她同時也是密蘇里保育局 Rockwoods 保留地的義務自然學家。

審 閱 者

下列的專家學者分別就其專長協助審閱本書的內容，
他們建設性的批評及建議對本書之正確性及擁有最新資料，貢獻良多。

Cathy de Jong
森林管理員
密蘇里保育局
聖路易斯，密蘇里

Skip Kincaid
森林顧問
市區森林及木料管理顧問公司
聖路易斯，密蘇里

Cynthia D. Fauser
食物與營養專家
密蘇里大學推廣部
聖路易斯，密蘇里

Ann P. McMahon
插畫創作者
聖路易斯，密蘇里

K. James Ferguson
植物科義工
密蘇里植物園
聖路易斯，密蘇里

Dave Murray
氣象學家
KTVI 電視台
聖路易斯，密蘇里

Judy Higgins
自然中心助理管理員
密蘇里保育局
聖路易斯，密蘇里

 v

趣味科學

科學是好玩的？科學是好玩的!!

對許多幼教老師而言，科學是一門嚴肅、嚴謹且難懂的學問，相對的，科學也令人退卻三步。因而，幼兒園裡可以進行什麼樣的科學性課程，又可以如何進行，也一直是許多幼教老師的困擾和夢魘。

除了信心之外，幼教老師常會面臨的兩個問題，一是自嘆自己的科學知識不足，一是苦惱於無法將科學知識轉換成有趣的且適合幼兒的科學性活動。相信幼師們很容易就能在「趣味科學」一書中找到一些靈感。

在「趣味科學」一書中，作者掌握了科學課程的三大要素：科學知識、科學態度、科學方法。在科學的世界中，人類已經探知了一些真實的知識，而幼兒也喜愛真實的知識，所以身為教師有必要先充實自己的科學知識，並與幼兒一起分享這些點點滴滴的知識。

然而科學並非僅是事實的記憶，而應是發現、是探索、是嘗試、是驚嘆、是質疑。誠如本書作者 Carol Oppenheim 所言，要欣賞科學的趣味，並不一定要「懂得科學」，但是必須要抱持著一顆好奇的心以及好好玩一玩的準備。身為幼師若能秉持著這樣的態度觀看科學，相信幼兒會覺得「嘗試新的是有趣的」，亦會感染到科學的趣味。

科學是以較有組織的方式來觀看自然，換言之，在進行科學活動時，是有一些科學方法為大家所共同認定、要遵循的程序，例如：蒐集資料、觀察、實驗、預測、記錄、歸納、分享。當幼師苦惱於不知如何進行科學性課程時，本書作者做了最佳的示範。她將這些科學的方法與步驟轉換成一個個有趣的科學

活動提供幼師參與，以利於幼兒探尋科學知識。

　　目前，國內有關幼教科學的圖書極待充實。「趣味科學」一書的出版，相信可以提供幼教老師或修習幼教系課程的學生諸多參考。因為這本書不僅提供幼教老師們有關科學的相關知識與概念，更提供了許多具體的建議，激發幼師們可以如何適切地設計具有趣味性的科學活動，讓幼兒實際操作及發揮好奇、嘗試、探索之心。最令人喜愛的是：它更適時地提醒幼師，要能與幼兒共享科學性經驗的愉悅。因為惟有幼師能自信的感受科學性經驗的美妙，幼兒享有科學性經驗的機會才更真實、明確。

　　翻譯是一件艱鉅的工作，我一直非常佩服願意且能做好這項工作的人。這本書的譯者林翠湄小姐是我多年的好友，她的中英文造詣都很高，且對幼教一直保持著高度的熱忱。感謝她在繁忙的工作之餘完成了這本書的翻譯。也感謝心理出版社許麗玉小姐和陳文玲小姐的協助，而使得幼兒與幼師得有更好的機會共享科學性經驗的趣味。

江麗莉

國立新竹師院幼教系教授

譯 者 序

　　《趣味科學》確實是一本有趣的書，在翻譯此書時，我彷彿又回到了童年一般，處處充滿驚奇與喜悅。

　　《趣味科學》一書所說的科學，主要是與大自然有關。書中所介紹的，是幼兒能理解的相關知識，而且也設計了許多有趣的活動，以引導幼兒認識、親近並愛護大自然。作者對大自然各種現象的介紹及生動活潑的活動設計，都不禁使人對大自然充滿好奇，也隨著活動的進行而有一段快樂時光，可說是一本兼具理性與感性的書。

　　正如書名之副標題所言，《趣味科學》一書所介紹的活動是教室及家庭都適用的。幼兒園的教師可以以此為基礎，再發展出新的想法；父母則可以利用與幼兒一起進行這些活動的時間，好好享受天倫之樂，陪著孩子一起成長，並對大自然有驚奇的發現。

　　感謝心理出版社許麗玉小姐的支持，江麗莉教授的推薦與校閱，以及陳文玲小姐細心的編輯，此書之中譯本才得以順利出版。但願此書的出版是個引子，能激發幼兒園的教師創作出更多、更有趣的活動來，親子間的關係也能更有創意。

林翠湄　謹識

作 者 序

許多父母與教師經常問我：「你如何讓兒童這麼喜歡科學？」《趣味科學》一書，就是為了回應這個問題而寫的。

將寫一本名為《趣味科學》的書的想法付諸實際，是需要一群人通力合作才能完成的。

對於前頁所列每位審閱者毫不吝於付出的時間與精力，我是非常感謝的。

另外，我也深深感激下面所列的人對我的各種協助：

Carol Kaplan 在我教學及寫作時總是不斷給我鼓勵。

Craig Cuddeback 提供我寫作此書的挑戰。

Judy Schmitt 及 Cynthia D. Cooney 想出一些有意義的說明，使得文辭更為生動有趣。

Mary Espenschied 協助我組織我的想法，並教我以平實的方式來表達，而不用太多的驚嘆號！

Nancy Ladousier 幫我把潦草的手寫稿變成清楚易讀的打字稿。

Bette Russ 為此書設計了可愛的封面。

Andrew Espenschied, Satomi Fujii, Amber Haire 及 Evan Hume 協助我拍攝封底的照片（註：指原文書）。

Becky Bopp 允許我們利用她的教室拍照。

而兒童是我持續探索、蒐集、收藏、學習、教學及寫作的一個理由。

　　這隻烏龜是我的標記，你可以在書裡找到這個標記。

　　如果你有如何讓科學更有趣味的建議、更適宜的活動或其他值得推薦的讀物，請透過出版社與我聯絡。

CAROL OPPENHEIM

目　錄

趣味科學

家庭及教室適用的活動

我們的
記事本

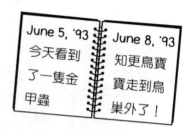

June 5, '93
今天看到
了一隻金
甲蟲

June 8, '93
知更鳥寶
寶走到鳥
巢外了!

第一章

如何使用本書

漿糊

相關　知識

要欣賞科學的趣味，你不一定要「懂得科學」，但是你必須要是好奇的、有顆年輕的心，並準備好好地玩一玩！

我由衷地相信，喜愛及欣賞我們的世界，是你能給兒童最好的禮物之一。在電腦、電視、電視遊樂器、電動玩具充斥且任何事都講求時效的時代，與兒童一起去探索真實的世界是更為重要的。Rachel Carson 就曾說道：

> 如果我對善良的小仙女有影響力的話，我會要求她給世界
> 上每位兒童的禮物，是一種終身都不會消失的驚嘆能力，它是
> 對付以後無聊、幻滅、厭倦人工化及內心疏離感的良藥。

兒童本來就是好奇的，他們需要有探索的機會，並至少有一位成人與他們一起分享有新發現時的喜悅與興奮。在《幼兒的科學》（*Science for Young Children*）一書裡，Viola Carmichael 寫道：

> 科學應是發現，而非事實的記憶。當兒童細心的觀察、驚
> 嘆、研究及質疑時，他正在體驗科學是日常生活的一部分。

《趣味科學》一書，適合各種年齡的成人和兒童一起使用。它建議一些觀察、欣賞及學習自然和科學的有趣且簡單的方法；它提供令人興奮的機會，可供成人和兒童一起討論、遊戲和學習；它喚起每個人的驚嘆能力，並鼓勵年齡較大的兒童自己去嘗試各種活動，與朋友共享歡樂，並協助弟妹或朋友去欣賞自然和科學。

我希望使用這本書的兒童和成人會發現：即將有令人興奮的事發生，他們將：

▨用「新觀點」來看世界
▨分享許多新的經驗

▨探索新的地方和想法

▨接觸許多東西

▨推理及驚嘆

▨注意異同點

▨做比較

▨在書本裡找資料

▨學習新字彙

▨聽不同的聲音

▨表達他們的思想

▨談論並記下他們曾見過及做過的事

▨討論大小、形狀、顏色、數目

▨假裝及扮演

▨歡笑及快樂

▨以新的驚嘆能力來看世界

▨更喜愛及欣賞我們的世界

▨承擔保護我們的世界的責任

▨同時也發現科學是有趣的！

　　我希望這本書能協助成人和兒童發現共同的新興趣，並能讓他們在共處時有愉快的時光。

CAROL OPPENHEIM

壹 ☙ 對成人有用的指引

▨先閱讀所有導引性的資料，這只需花一點時間而已，你將可獲得使用這本書
　及其活動的簡單又有趣的方法。

▣好好地閱讀第二章，探索－蒐集－收藏，你將會發現開始探險活動的有趣方法。各種年齡的人，都能找出可以一試的想法。在你探索時，要好好地照顧地球及生存於地球上的生物（見第18頁，細心蒐集指南）。

▣討論安全指南，但注意不要將你在孩提時所學到的無稽恐懼轉移給兒童。

▣選出你和兒童都覺得有興趣的一章，並開始好好地玩。就讓自己放鬆——不要想在一天裡完成所有的事情。

▣注意每一章都有有趣的 ⧈相關知識⧉ ，兒童喜愛真實的知識，所以一定要與他們一起分享這些點點滴滴的知識。

▣一定要儘可能讓兒童自己操作——不要只是讓他們看你操作。

《注意》：用聽的容易忘記，用看的可以記住，但親自去操作才能真正學習。雖然小手小腳有時緩慢又笨拙，但是每一次嘗試（有關心的成人或年長兒童的鼓勵時）都可使學習往前邁進一大步，並可協助兒童建立正面的自我概念。

▣當你使用《趣味科學》一書中的想法時，你經常必須遵循科學方法，這包括：

1. 蒐集相關知識及必要的資料
2. 安排實驗
3. 預測結果
4. 進行觀察
5. 記錄觀察結果
6. 與他人共同分享知識
7. 歸納結論並結束實驗

▣協助兒童讓他們覺得「嘗試新的事情是有趣的」、「我愈來愈行了，或我對這個在行」。傾聽兒童的想法，他們將會覺得「我所說的確實是重要的！」儘可能與兒童一起決定要做什麼。團隊合作的成果是驚人的，靠的就是成人

和兒童一起工作和遊戲。

■了解成品的外觀（如樹葉摹拓）如何並不重要，有愉快的感覺及大家一起工作才是重要的！

■讓黏貼性的工作簡單些。在小容器內倒入一些膠（或漿糊），再用冰棒棍來塗抹。告訴兒童如何將少許的膠塗抹在每一片欲黏貼在一起的物件上。在桌上先鋪上報紙，以方便事後的清潔工作。當兒童完成圖畫創作時，不要只是說：「這是什麼？」較建設性的說法為：「你要不要告訴我一些與你的圖畫有關的事呢？」兒童可能會說「不要。」但也可能會告訴你一整個有關其創作的故事呢！兒童有時候會喜歡你將他們所說的話寫在圖畫上或是另一張紙上，這既簡單又有趣，而且對閱讀準備及語言學習有助益。

《注意》：在兒童所畫的圖畫上，你可能看不到「樹」或其他可辨識的東西，它對你而言可能只是一些線條和圓圈而已，但對兒童來說，它可能代表著某種東西。你能「辨識」的美勞作品是緩慢及自然的發展，而且兒童的繪畫是不需要任何人去教導的。

■可考慮開始蒐集有關科學／自然的圖書（見第8頁，有用的資源），在舊書拍賣時可以找到各種極為便宜的圖書。製作科學記事本（活頁記事本就很適用）或在科學月曆上記事。當成人和兒童記下他們所蒐集、所種植或所看到的事情時，他們就有一本記錄著有趣事件的日記本了，而且也可養成凡事仔細觀察的習慣，並學到如何記下他們所觀察到且想要記住的事情（有時或許只是粗略的草圖而已）。應盡可能讓兒童協助書寫及繪圖的工作。

科學記事本可以讓你依自己的想法詳細記事，例如：

☞1993 年 2 月 16 日：從玉米穗拔下六顆玉米粒，並將它種在塑膠杯裡。

☞1993 年 2 月 22 日：今天六顆玉米種子全都發芽了！

☞1993 年 2 月 25 日：毛茸茸的啄木鳥今天第一次到我們的給食器來。

☞1993 年 2 月 30 日：玉米苗現在已有 8 英吋高了！土壤上有許多白色的根。

六　月						
星期日	星期一	星期二	星期三	星期四	星期五	星期六
1 種植青豆	2	3	4 豆子發芽了！	5	6	7
8	9 發現一隻甲蟲	10	11	12	13	14
15	16	17	18	19	20 看到一隻知更鳥	21
22 / 29	23 / 30	24	25	26	27	28

☞1993 年 3 月 15 日：我們忘記給玉米澆水，所以玉米死了。我們將土、根及枯死的植物埋在製作堆肥的地方（見第 194 頁），並在杯子裡種植更多的玉米。

　　　科學月曆也很有意思，不過它可供記事的空間較小，僅能做些簡單的記錄（見右上圖）。

▨像科學或自然的圖書、可養小蟲子的容器、特殊的貝殼及放大鏡，都是給兒童很好的禮物，請將此點放在心上。

▨一起假裝。兒童喜歡假裝，當兒童「扮演」或假裝時，他們可嘗試扮演不同的角色、學習新的知識、追憶，而且也有移動身體的機會。他們會對正在進行的事情感興趣並積極參與。在這本書裡，你會看到一些「扮演」蝴蝶、樹及其他大自然裡的東西的建議。成人和兒童都喜歡一起來假裝。

▨當你對某個主題有興趣並決定多讀一些相關的資料時，你可能會與我一樣有相同的發現——所有的資訊都不太一致，此時你就會了解為什麼我會喜愛賞鳥愛好者的名言：

當你所看到的鳥和書上的不一致時，要相信你所看到的！

貳 ✿ 有用的資源

▨ 公立圖書館的兒童圖書部會有參考書籍及故事書，圖書館館員會協助你找到有關各種主題的有用書籍，他們也可以教導年長的兒童如何使用書目卡，兒童就可自己找資料。

▨《世界百科全書》（*World Book Encyclopedia*）：內有背景資料，全都以清楚、有趣的方式呈現。

▨《森林警察理克》（*Ranger Rick*）與《你的大後院》（*Your Big Back Yard*）：為極好的雜誌，地址為：

>National Wildlife Federation
>
>1400 Sixteenth Street, N. W.
>
>Washington, DC 20036-2266
>
>電話：1-800-432-6564

▨《給年輕探索者的書》（*Books For Young Explorers*）：一本極適合幼兒閱讀的自然圖書，地址為：

>National Geographic Education Services
>
>Washington, DC 20036
>
>電話：1-800-638-4077

▨《美好自然指南系列》（*Golden Nature Guide Series*）（Racine, Wisconsin: Western Publishing Co.出版）：大部分的書局都有這本書，書裡有很好的圖片及有助於鑑識的基本資料，鳥類、昆蟲、樹及海岸是其中的一些主題。

▨《堅果殼內的科學》（*Science In A Nutshell*）：是很好的基本資料，而且淺顯易懂，地址為：

Kimbo Educational

P.O. Box 477

Long Branch, NJ 07740

▨《適合幼兒的科學經驗》（*Science Experiences for Young Children*），Viola
Carmichael 所作（Saratoga, California: R&E Publishers, 1982 年出版）。

▨市立或縣立公園：可打電話詢問公園的位置及園內的活動。

▨保育單位或自然資源管理單位：有免費的雜誌、地圖及教材可供索閱，在電
話簿裡可找到電話號碼，或可直接寫信去索取資料。

▨美國國家公園，地址為：

National Park Service

Attention: Office of Public Affairs

U.S. Department of the Interior

P.O. Box 37127

Washington, DC 20013-7127

▨毒物中心：預防照料及緊急協助，可查閱你的電話簿，並將電話號碼貼在每
具電話上。

▨下列的團體有提供免費、有益的小冊子：

美國心臟協會（American Heart Association）

美國肺臟協會（American Lung Association）

美國癌症學會（American Cancer Society）

商會（Chamber of Commerce）

▨鄰居、朋友、教師、祖父母和其他家庭成員可能會與你有相同的興趣，並可
提供你資訊。

第二章

探索蒐集收藏

瑪莉的盒子

史密斯的
自然寶藏

我們家的
樹皮和
種子

> 來了解事實的真相，讓自然作為你的
> 老師。
>
> *William Wordsworth*

對科學的興趣應是被引導出來的，而不是被教會的！你不一定要是一位專家，只要有興趣就可以了。我所謂的自然，是指世界上的任何事都是天然的——不是「人為的」——而科學則是以較有組織的方式來觀看自然。

壹 探索

探索對大人和小孩都是一種冒險，你無法知道你將會發現什麼或會有什麼事發生。

探索可以讓每個人——

- 以「新觀點」來看世界。
- 欣賞我們的奇妙世界，並記得不要凡事視為理所當然。
- 一起觀察、發現和學習。
- 留下永恆的記憶——「還記得我們在夜裡散步去傾聽貓頭鷹的叫聲——或發現烏龜殼——或去聞臭鼬氣味的時光嗎？」

在開始探索之前——

▨討論安全及禮貌規則。（提醒每個人要得到允許後，
　才能拿別人的東西或進入別人的地方。）

▨警告兒童一定**不可嚼漿果**、葉子等諸如此類的東西，
　因為**有些有毒**（見第 8 頁，有用的資源）。

▨在你們去探索前，要一起決定想去尋找哪些特別的東
　西，例如：「我們去散步吧！並且看看我們能找到多
　少種紅色的花或不同的鳥。」

▨決定在散步時是否要仔細傾聽、嗅聞或蒐集。

▨考慮在你的科學記事本或月曆上記下一些特別的事情
　（見第 6 頁），這是很有意義的活動，因為這可以讓
　你寫下一些對你的家庭或班上而言是重要的自然或科
　學的事件，並有助於你事後回想某特定事件的詳細細
　節。

▨此書的其他章節尚有許多其他想法，你可以參考。

當你探索時，好好地玩！

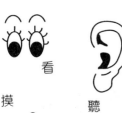

看

摸

聽

聞

　　看－聽－摸－聞。討論粗糙的－平滑的－黏的－漂
亮的－奇怪的－相似的－不同的－大的－小的－野蠻的
－柔順的－鮮豔的－暗淡的東西－並且驚嘆。

　　在春天、夏天、秋天和冬天時，都要記得去拜訪同
一個地方，以留意四季的差異，並欣賞季節的變化。

一・在自家的院子及鄰近地區探索

你可能會發現

石頭底下及草地上有生物、蜜蜂繞著花朵飛舞、死的昆蟲、土裡有蚯蚓、你以前從未見過的植物、四葉苜蓿、鳥、羽毛、鳥巢、啄木鳥的巢穴、野生動物及寵物、樹、種子、根、樹瘤（見第38頁），春天、夏天、秋天、冬天的跡象。除此之外，還有些什麼呢？

有毒的常春藤

有毒的橡樹

蕁麻

二・到公園及森林去探索

要進行這種探索之前，先使用驅蟲劑，並請求森林管理員或保育單位協助你辨識一些必須要小心迴避的東西，如有毒的常春藤、有毒的橡樹和蕁麻。

探索時的冒險是有趣的，它提供每個人一個練習耐心的機會，而且也是一種很好的戶外活動。

你可能會發現

所有你在自家的院子和鄰近地區發現的東西，再加上岩石、化石、果核、羊齒植物、青

苔、蕈類、野花、烏龜、烏龜殼、蛇
、蛇皮、蜥蜴、蝸牛、倒下來的樹、動
物的頭蓋骨和骨頭、動物的糞便、天然的
森林垃圾（腐化的落葉等等）。幸運的話，你可能會瞥
見野生動物，例如火雞、鹿或狐狸；但不幸的話，你可
能會碰到人們所丟棄的垃圾、扁蝨、沙蚤、有毒的常春
藤或有毒的橡樹。不要讓這些不好的事情干擾你，因為
在森林探索是一種很特別的活動。

三・到池塘、河川、小溪、河流 和湖泊去探索

要預作準備，以確定每位兒童都能得到妥善的照
料，必要時，每個人都要穿上救生衣。

你可能會發現

魚、烏龜、蛇、火蜥蜴、
蟾蜍、青蛙、貝殼、水鳥、
蜻蜓、香蒲、蛤、小龍蝦、
水蟲、來喝水的野生動物、
生活在陰暗處的蝙蝠，除此之外，
還有些什麼呢？

如果你在水邊安靜地坐著，或在水邊緩步而行，你
可能會看到許多奇異的生物——有些正躲在水面下（查
閱偽裝一詞）。

四·到海邊去探索

到圖書館借一些有關海洋生物的書，以便預作準備。要記得**配戴遮陽用具**。到海邊去時，要記得仔細看看潮汐水坑內的生物，潮汐水坑是海水退潮後所留下的淺水坑。試著從書上或從知道的人那裡了解更多有關潮汐水坑的事情。在潮汐水坑內所發現的生物是很迷人的。

你可能會發現

沙、浮木、貝殼、寄居蟹、海鳥、魚、海草、水母、螃蟹、海膽、海星，還有其他許許多多的東西。

五·瞭望天空

在地上鋪上毯子，然後躺在毯子上瞭望天空（提醒兒童不可以注視著太陽）。

你可能會發現

美麗的雲、晴朗的天空、飄動的雲、看起來像人或東西的雲、暴風雨的前兆、彩虹、昆蟲、鳥、飛機、飛機所排出的氣體，除此之外，還有些什麼呢？（見第165頁，彩虹）晚上時也可以試試這項活動，並聽聽夜晚的

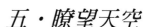

各種聲音！幸運的話，你可能可以聽到貓頭鷹、怪鴟或正在移居之候鳥的叫聲。

六‧到陰暗處探險

在鳥類圖書裡尋找有關燕子的介紹。

相關知識

▨燕子將小樹枝與牠們黏稠的唾液相混合，以用來築巢，牠們將鳥巢築在煙囱或中空樹幹的垂直面上。

▨牠們的腳很小，因此無法站立或棲息，只能依附在粗糙的表面上休息。

▨牠們大部分的時間都在天空裡──牠們在飛翔時捕食昆蟲、喝水、洗澡及蒐集築巢的材料。

　　現在就到附近的學校或其他有著無蓋煙囱的大建築物去探索，在黃昏時到那裡去，坐下來並觀看牠們的演出。燕子是不是一種很有趣的鳥呢？

七‧到洞穴去探索

　　到洞穴去探索是非常有趣的，但是**必須有專家引導**（見第 105 頁，蝙蝠）。

貳  蒐集

　　雖然有人說：「除了照片，什麼都不帶走；除了腳印，什麼都不留下。」不過，人（尤其是兒童）喜歡蒐集東西。在學習時，兒童將全部的五種感覺全用上，而蒐集可鼓勵兒童去看、摸、聞及聽許多有趣的事情。家庭和班級的蒐集，可以鼓勵兒童和成人討論共同的興趣，他們可在一起決定要蒐集什麼──到哪裡去看──何時去──蒐集品要放在哪裡。

《注意》：當享受探索之樂時，不用每次都要蒐集。你可以準備一個塑膠袋放在衣服的口袋內，以便隨時蒐集──不過，只在你發現了一些意外的寶藏時。

　　如果每個人都是體貼、謹慎的蒐集者，則蒐集可以是件不會破壞自然界平衡的樂事。

　　在自家院子裡蒐集的指導方針，將與在其他地方蒐集的指導方針有所不同，因為在自家的院子裡，成人會設下採花的規則，並說明有哪些事是被禁止的。不過，下列有關細心蒐集的指南，則是不論你到何處都適用的。

一‧細心蒐集指南

　　首先向公園及森林管理單位詢問，看看有無與蒐集有關的規則。

▣不可採摘活的植物或將其整株挖起。用眼睛觀賞羊齒植物、青苔及野花之美，並保持原狀讓別人也有欣賞的機會。為了繁殖，它們必須要在適當的位置落下種子和孢子（查閱孢子一詞）。這對你而言是不是一個新詞呢？

▣不要將活的野生動物帶回家。野生動物無法變成溫馴的寵物，牠們常會因被囚禁而死亡，牠們需要被釋放，監禁野生動物是不道德的。檢視、觸摸，甚至聞一聞烏龜是有趣的，但事後應將其放回原處。如果你要將活的昆蟲或蜘蛛放在昆蟲箱裡觀察（見第 60 頁），一定要記得一會兒後就要將牠們放走，以免牠們死亡。尊重所有有生命的生物是重要的。

▣可尋找那些不屬於特定人且有趣的東西來蒐集。

二‧可蒐集的東西

　　橡子和堅果（由於有動物以此為食，故數量不多）

橡子

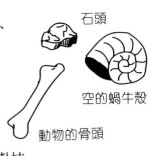
石頭
空的蝸牛殼
動物的骨頭

樹葉

種子莢

、樹癭（見第 38 頁）、一些石頭（有許多人蒐集石頭）、烏龜殼、蛇皮、蝸牛殼、死的昆蟲、樹葉、松果、剝落的樹皮、動物的骨頭及貝殼（見其他章節所提出的想法）。因蒐集及辨識之需，可取一小部分帶有葉子及種子莢的樹枝。

三・蒐集時必備之物

▧防曬裝備及驅蟲劑。

▧每個人都帶一瓶水，探索的時間若較久，所準備的水就要多些。另外，也要帶些點心。

▧可提式蒐集袋，兒童可在紙袋上畫上這樣的圖案。

▧塑膠袋：如果你不想用手拿的話，可把它放在衣服的口袋裡。

▧其他東西：放大鏡、望遠鏡、相關的自然圖書。

參・收藏

瑪莉的盒子

我們的甲蟲盒

我們要將所蒐集到的寶藏放在哪裡呢？若能有一個特別的地方可以放這些寶藏，就能使蒐集更有意義、更有樂趣，而且也可使家務的處理容易些。

可行的作法

◼ 用一個特別的**架子**或**盤子**
來展示你的自然寶藏，
這不但能放置你最近
找到的東西，也便於各

種年紀的人（幼兒除外）來看一看、摸一摸。讓兒童
輪流照料這些展示品，這樣他們就可以學到如何小心
照料一些易碎物品。有新的蒐集品時可將它加上去，
舊的就收藏起來。這是能給訪客看的很好的展示。

◼ **寶藏盒**：有些工廠常有各種尺寸、蓋子淺淺的、非常
堅固的盒子（裝檸檬、蕃茄等），可請工廠的員工留
一些給你。兒童可在箱子上上漆（任何室內或室外的
房屋塗料都可以），並將貼紙、自己所畫的圖畫或從
自然雜誌上剪下來的照片貼在盒子上加以裝飾。可用
彩色筆來寫字。

當成禮物的想法：放有放大鏡的寶藏盒，一本有關自
然的圖書，再加上一些大自然裡的東西，就是一項很
好的禮物了。

▣有蓋子的小盒子可用來存放寶藏,再放到較大的寶藏
盒裡。蛋盒就很適合用來收

藏,人造奶油盒、珠寶盒及
有透明塑膠蓋的盒子,都是
用來展示昆蟲蒐集品的絕佳
容器。
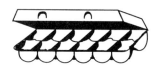

▣**自然剪貼本和硬紙夾**:壓花和葉子、從雜誌剪下的圖
片、報紙裡的文章和照片,或兒童和成人所畫的圖,
都可以貼在剪貼本裡。剪貼本可用任何紙張做成,再
用圖畫紙做封面,然後以金屬線固定。將大張的圖畫
紙或海報紙對折,就可做成紙夾。每個主題可用不同
的紙夾。要在紙夾裡增加頁數是很容易的。可將紙夾
存放在盒邊比紙夾稍大的盒子裡,在紙夾的盒子未滿
之前,可用重物加以固定,以免紙夾傾倒。

　　記得在你的科學記事本或月曆上做記錄,以保留
你的記憶。

　　探索—蒐集—收藏可以是很容易的,
重要的是要好好地玩一玩。

 推薦讀物

Dawe, Karen. *Beach Book.* New York: Workman Publishing, 1988.

George, Elly Kree. *Please Don't Step On Me.* Cherokee, North Carolina: Cherokee Publications, 1981.
(Write Cherokee Publications, P. O. Box 124, Cherokee, NC 28719-0124.)

Rockwell, Anne. *First Comes Spring.* New York: Harper Collins Publishers, 1985.

Thompson, Susan L. *One More Thing Dad.* Chicago: Albert Whitman Co., 1980.

Zim, Herbert S., and Ingle, Lester. *Seashores.* A *Golden Nature Guide* book. Racine, Wisconsin: Western Publishing Co., 1989.

第三章

美妙的樹

這個世界如果一棵樹都沒有，你能想像那會是什麼模樣嗎？那樣的世界將會是個悲慘的不毛之地。

有人說：「種樹可以救世界。」樹對這個世界是很重要的，因為它們能——

■給我們：美景和樹蔭、堅果和水果、木材和紙張、肉桂和可可、咖啡和楓蜜，以及其他許許多多的東西。

■淨化空氣：樹在製造它們所需的養份時，會利用二氧化碳並產生氧，而氧可供人們呼吸（見第29頁）。

活動

到屋外或教室外四處看看，你將可看到所有來自樹的東西，將這些東西一一記錄下來。

壹　樹的種類

樹是世界上最大的植物，它有兩種類型：常綠樹和落葉樹。常綠樹（evergreen trees）有針葉和松果，整年裡針葉掉落得很慢。它們的針葉不會全部掉光，因此一整年裡它們都是綠色的。
而大部分落葉樹（deciduous trees）的葉子會轉換美麗的顏色，而且在秋天時，所有的葉子會全部掉落。

活動

到你家的院子和附近地區找找看，看看是否有常綠樹和落葉樹。附近有棕櫚樹或仙人掌嗎？這是兩種非常有趣的樹。

貳 樹的構造

樹是由樹冠、樹幹和樹根三部分所構成的，這三個部分必須一起運作才能使樹生存下去並能生長。

一·樹幹

樹幹是由木材所組成，它看起來很結實，但實際上它充滿了許多小小的、似吸管的「管子」。有些管子可將礦物質和水從根部往上輸送到樹葉去，有些管子則將養份（由葉子製造的）往下運送到根部及樹的其他部位。樹幹就好像是一條雙向的公路。（參見下頁圖）

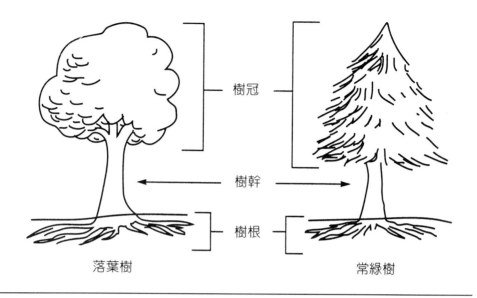

樹冠

樹幹

樹根

落葉樹　　　　　　　　　　　　常綠樹

活動

有趣的芹菜莖

　　試試這項活動，你將可以看到養份和水份是如何從樹幹運送到樹葉去的。

作法：

1.選一棵帶有葉子的芹菜莖。

2.將底部切除。

3.在透明的玻璃杯裡注入水（大約半杯），滴入紅色或藍色的食物色素，然後將芹菜莖插入杯內。

4.仔細觀察，並將所看到的記錄在你的科學記事本上（見第6頁）。

　　你想會發生什麼事呢？需多久才會發生呢？這與樹如何運轉有任何關聯嗎？你將芹菜放在杯子裡多久才把它拿去做堆肥（見第194頁）呢？

二·樹根

較粗的樹根會長出一些細小的根毛，根毛從土壤裡吸收水份和礦物質，較粗的根則將這些礦物質和水份運送到樹幹去。

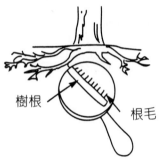

樹根　　　　根毛

樹根通常從非常靠近地面的樹幹長出來，它們能伸展至樹高的兩倍遠呢！

樹根可保護樹免被風吹倒。

樹根可固定土壤，使土壤免被雨水沖走。土壤被雨水沖走的現象叫做沖蝕（erosion），沖蝕現在是世界上的一個大問題。

活動

拔起來看一看

如果你的院子裡有你不想留下來的小樹，把它拔起來，然後用你的眼睛和放大鏡好好地觀察它的根部。你看到根毛了嗎？將雜草和不想要的植物拔起來，然後看看它們的根部。

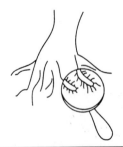

輕輕地摸一摸根，聞聞看它們有沒有味道，看一看遭受沖蝕之土壤的四週。有沒有什麼辦法可避免更多的土壤被雨水沖走呢？我們每個人都應該盡力設法避免沖蝕現象發生。

三·樹冠

　　樹冠上有葉子，能製造樹所需的養份。樹葉就像小型的廚房一般，現在我們來看看樹製作養份的食譜。

參 🐌 樹食食譜

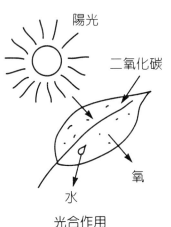

樹食食譜

材料：
陽光
空氣
礦物質
水
和葉綠素混合

結果：☺

1. 樹葉吸收——
   ▣陽光
   ▣空氣中的二氧化碳[註1]
2. 根吸收——
   ▣土壤中的礦物質和水
3. 將這些東西與葉子裡叫葉綠素（chlorophyll）的綠色物質互相混合，這個神奇的過程就叫做光合作用（photo-synthesis）。

　　《結果》：我們空氣中的二氧化碳減少了（因為樹葉在製造養份時用了二氧化碳），但氧卻增多了（因為樹葉在製造養份時產生了氧和水）。

　　樹木萬歲！它們製造了更多的氧供人們呼吸時使用。

陽光

二氧化碳

氧

水

光合作用

活動

蒐集一些樹葉

　　用放大鏡觀看一些不同的樹葉，看看樹葉的背面，你看到些什麼呢？試著找出樹葉背面能讓空氣進入的細孔。摸摸葉脈並看看它們如何連接。看看你手上的靜脈，並將它與葉子上的葉脈作個比較，它們是相同或不同呢？情形如何？

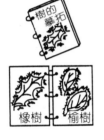

樹葉摹拓

　　樹葉摹拓非常有趣，大家一起來做更是好玩。你可將摹拓作品存放在紙夾裡，或是放在用打字紙做成並以圖畫紙作封面的書裡。

作法：

1. 粗的蠟筆較佳。

2. 將蠟筆上的紙取下，在紙上塗抹（用蠟筆的側面），直到蠟筆形成一個合適的、平坦的表面為止。

3. 從不同的樹上採下一些漂亮的樹葉（要新鮮的，不要已乾燥了的）。

4. 將樹葉黏貼在卡紙或厚紙上[註2]，並且讓有粗糙葉脈的那一面朝上。黏貼樹葉時，需有一個人將樹葉固定，再由另一個人將它黏貼好。

5. 將紙覆蓋在黏貼好的樹葉上。

6. 讓一個人將紙固定住，並讓樹葉留在原位不動，另外的人則用蠟筆的扁平面用力在紙上塗擦。可以輪流固定和塗擦。

你可能會想要用自己做的美麗的樹葉摹拓來做賀卡。

奶奶
生日快樂！

HAPPY BIRTHDAY, THANK YOU, I ♥ YOU!

發揮你的創造力，或許可使用各種不同的顏色。

肆 🍂 樹能顯示出它的年齡喔！
你知道要怎樣看嗎？

如果你仔細觀察殘樹幹，你會發現有樹層，這就是年輪（rings）。

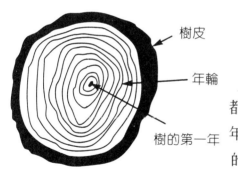

樹皮

年輪

樹的第一年

一・如何看年輪

每一層年輪代表一年的成長。每層年輪都有深、淺兩部分。如果你數一數殘樹幹上年輪的數目，你就可以知道這棵樹被砍下時的年齡[註3]。樹枝也有年輪。有些年輪比較寬，而陽光、水和溫度是造成這種差異的原因。如果樹的年輪是寬的，表示在那一年裡樹可能接受了大量的日照及充沛的水量，而且當時的溫度也極適合其生長。狹窄的年輪可能代表著那一年是乾燥的，樹的生長因而很緩慢呢！

除非極為需要，
否則不要隨意砍
樹。
樹對這個世界是
很重要的。

如果你必須砍倒一棵樹，何不另植一棵樹呢！

二‧哪裡可找到殘樹幹呢？

■你或你的鄰居可能會因為樹死掉了或太靠近房子，而需要將樹砍掉。修剪樹枝時，也可以從樹枝看到年輪。

■農夫常會將樹砍掉並清走，如果你有認識的農夫，也許可以在他必須砍樹時請他帶你一起去。

活動

1. 觀察殘樹幹和樹枝上的年輪，數一數年輪，你知道這棵樹的年齡嗎？你能看出哪一年的天氣是潮濕和溫暖的嗎？你有沒有看到狹窄的年輪？這可能表示那一年的天氣是乾燥的嗎？

2. 你能從殘樹幹的最外圍往中間數年輪，直到你數到你出生的那一年──或有其他重要事情發生的那一年嗎？

3. 在科學記事本上寫下你探索樹的年輪、樹葉和樹根的情形，或許你想要在記事本上留下樹葉摹拓或殘樹幹摹拓。

伍 🐢 植一棵樹——
創造一個終生的記憶

　　與一位小朋友、家人，或一群小朋友一起植樹，是一種令人興奮且極具意義的經驗。植樹不僅有趣，而且——

▨ 在植樹的整個過程中提供了成人－兒童絕佳的溝通和合作的機會。

▨ 讓參與植樹的成人和兒童留下永遠的記憶。

▨ 能協助我們的世界，因爲樹在製造養份的過程中會利用二氧化碳並產生氧（見第 29 頁）。

活動

植一棵樹

　　為生日或特別的事件植一棵樹，可使此事件更具意義，這將會是成人和兒童之間珍貴的時刻，是值得一生都記住的時刻。

一・植樹前

1. 藉著一起閱讀相關知識及進行這一章所建議的活動，協助每個人了解及欣賞樹是多麼的奇特及重要。樹眞是美妙。

2. 確定兒童或兒童們都參加了植樹的活動。大家一起來想想——樹要種在哪裡？我們想要樹長得多高大呢？我們希望樹有怎樣的成長速度呢？我們想要一棵有樹蔭的樹或一棵裝飾性的樹呢？我們能種一棵會吸引小鳥來的樹嗎？我們想要種一棵果樹嗎？

3. 接著，可向政府的森林管理單位或苗圃請教。這非常重要，因為只有專家能告訴我們，哪一種樹在哪些地方會長得好且符合我們的需求。

4. 請保林人員或育苗人員說明該在何時及如何種樹，而樹種好後又該如何照顧。

二‧植樹時

1. 決定要讓植樹活動成為家庭的特殊活動，或是要為此特別舉行個派對。

2. 如果決定要舉行派對，就邀請朋友、親戚和鄰居們一起來參加你的「植樹派對」吧！讓每個人都有機會為新樹挖洞。

泥餅

3. 讓所有的人都幫忙植樹，並為派對準備點心。可以準備「泥餅」（食譜請見第 229 頁），這種餅是放在新的花盆裡，而且非常好吃。試試看，很有趣的！

4. 帶著你的客人到附近走走，將你所知道的樹名（見第 36 頁）及與樹有關的趣事與他們分享。

5. 讓每個人看看你對樹之各個部位的收藏（見第 40 頁）。

三・植樹後

1. 在科學記事本上畫下樹的成長情形
　　（見第6頁）。
2. 每一年都為你的樹開一次
　　「生日」派對。

四・如果你住在公寓或大廈時，
該怎麼辦？

▨ 不要讓這樣的事實阻礙了你植樹的興致。有許多樹即
　使是種在室內的花盆裡也可以長得很好。與苗圃的人
　討論，看看哪些樹能符合你的需求。
▨ 有些社區的公園願意接受別人捐贈具有特殊意義的
　樹。也許在你的小孩生日時，可以在樹下放置一塊飾
　板，以慶祝他們的生日，或是在樹下進行一些其他的
　特殊活動。可與公園管理單位聯絡，以安排細節。
▨ 有些公園和遊憩中心會有美化活動，兒童和成人都可
　在這些特殊的日子裡一起來幫忙植樹。

陸 名字遊戲

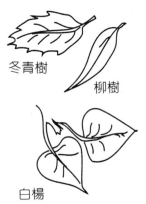

冬青樹

柳樹

白楊

用名字來稱呼人和事是
非常有趣的,在院子裡及
附近區域學習樹的名字也是
有趣的。你可以經由樹葉或
樹的其他部位而知道樹的
名稱。

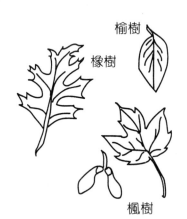

榆樹

橡樹

楓樹

蒼松

你要如何知道你的樹的名字?

首先看看你的樹的葉子長得像圖片中哪一種葉子。
如果你需要更多的協助,則:

▨請教你的鄰居、朋友和祖父母。

▨到圖書館借一本鑑識手冊,或買一本標題為樹的《美
好自然指南系列》的書(見第8頁,有用的資源)。

▨帶一枝有樹葉的樹枝到苗圃去,他們會知道這是什麼
樹。

▨寫信給保育單位(見第8頁,有用的資源)索取有關
樹的小冊子。

▨到附近的植物園或樹園去參觀,這些地方的樹都有標
示說明。

梣木

百合樹

活動

庭院漫遊

　　到庭院漫步一圈，看看有些什麼樣的樹，將所看到的樹的名字寫出來，或將其所在的位置畫出來，這是很有趣的。

　　家裡的小孩就可在朋友或祖父母來訪時，利用這張地圖帶領他們去看樹。每次新種一棵樹時，就在地圖上將這棵樹的位置標示出來，並寫下種植的日期。也替附近地區的樹畫一張地圖吧！

認養一棵樹

1. 為家裡或班上選一棵特別的樹。

2. 查出樹名。

3. 如果可行的話，用布尺量量看這棵樹有多粗和多高。大家一起合作可完成這項工作。

4. 將測量結果記錄在你的科學記事本上（見第6頁，有用的指引）。

5. 觀察並觸摸樹皮（粗糙或光滑的？）、樹葉（單葉或複葉？）

單葉　　複葉

6. 看看有沒有樹根露出地面上。

7. 用速寫的方式將你的樹在四季中的模樣畫下來。

春　　　夏　　　秋　　　冬

8.觀查芽苞、花、種子及所有的變化。

9.你的樹有花、橡子、果實或核果嗎？

花　　　橡子　　　果實　　　核果

10.有沒有什麼昆蟲或動物以此為家？

11.有沒有什麼害蟲在咬噬它的葉子？

12.你有沒有看到樹葉、樹枝或樹幹上有
樹瘦？（樹瘦是植物之根、莖、葉的
不正常生長現象，是由昆蟲、細菌或
菌類所引起的。）觀看樹瘦是很有趣

樹瘦

的。在有關昆蟲的書籍或《世界百科全書》裡查閱有

關樹瘦這個詞的說明。

13.將你的樹介紹給其他人認識。

14.關於你的樹，你還有什麼發現呢？

動物、鳥、昆蟲和蜘蛛通常都生活在樹上。

尋找樹寶

1. 閱讀第二章探索－蒐集－收藏。

 2. 決定遊戲規則：到哪裡尋找
樹寶？只在後院子裡嗎？到
附近的街區？要找多久？十
五分鐘、整天、整年？

3. 每個人都變成偵探，一起合作，尋覓──

▨ 最粗壯的樹

▨ 最瘦小的樹

▨ 最高的樹

▨ 最矮的樹

▨ 光滑的樹皮

▨ 粗糙的樹皮（注意不要從樹上剝下樹皮）

▨ 各式各樣的樹葉

▨ 被蟲咬過留有洞孔的樹葉

▨ 有_____的樹

橡子

果實

啄木鳥穴

昆蟲窩

鳥巢

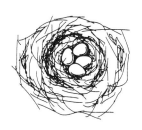

松鼠穴
▨死的樹
▨有松果的常綠樹
▨樹葉、樹枝或樹幹上有樹瘤的樹（見第38頁認養一
　棵樹這一單元裡對樹瘤的說明）。

還有沒有其他活動可在尋找樹寶的活動中進行呢？

柒 蒐集樹的各個部位

樹的各部位如樹葉、種子和樹皮，都很值得蒐集。

在蒐集樹的各個部位時，兒童和成人都會從中得到
許多樂趣，也能學到許多有關樹的趣事。

要蒐集什麼？

種子

　　樹開花之後，種子就開始形成，每顆種子都是一棵小幼苗，將來都能成爲一棵新的樹。

活動

山茱萸

橡樹花

1.看看能不能在樹上找到花，它們通常在春天時盛開，有一些與你平常所看到的花是不同的。

蘋果
種子

橡子

松果

楓樹種子

香楓球

2.尋找樹的種子。蘋果樹的種子隱藏在蘋果內，橡樹的

種子叫做橡子，常綠樹的種子在松果內，楓樹的種子掉下來時就像直昇機降落一般，來自香楓樹的香楓球內有許多種子，香楓球變乾後，種子就會很容易撒落出來。

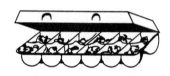

3. 用有蓋的杯子或容器來蒐集種子，然後把杯子放在箱子裡，或用蛋盒來分類種子。

4. 看看你能找到幾種不同的常綠樹，針對每種常綠樹都蒐集一點帶有針葉和松果的小樹枝。用手指搓揉針葉，看看有沒有油，注意其特殊的味道。松果可做成美麗的花圈及燭台裝飾品，或擺放在碗裡也很好看，有時成熟的種子會從松果撒落出來，就像從胡椒粉瓶子將胡椒粉撒落出來一般。

樹葉

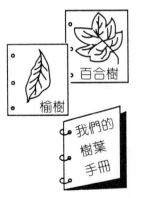

壓樹葉：蒐集樹葉是很有趣的。壓樹葉是將新鮮樹葉平坦地放置在相片本子內，隔天樹葉變平也乾了之後，再用膠帶將它黏在紙張上。要注意樹葉的每個部位都要用膠帶黏貼。每張樹葉都做標示後，把它存放在硬紙夾或剪貼簿裡。

壓過的樹葉有時可保存一段時間。

在樹葉上塗蠟：要讓樹葉保存得更久，你可能要試試看將樹葉塗上蠟（**由於需使用熨斗，因此成人必須在旁協助才行**）。

作法：

1. 將一張蠟紙從中對折。
2. 壓出折痕後再打開。
3. 將樹葉放在蠟紙折線的右邊或左邊。
4. 將蠟紙對折，並用熨斗熨燙（低溫即可）。
5. 用膠帶或上膠的紙條做標示，並將它存放在紙夾或剪貼簿裡。

活動

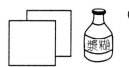

彩繪玻璃

兒童很喜歡這項活動。試試看做一個樹葉、蠟紙和液狀漿糊的「三明治」。這項活動除了有趣外，也可以做出一件可愛的禮物。

材料：

1. 蠟紙兩張，大小視你想完成多大的「窗戶」而定。
2. 液狀漿糊和一個可裝漿糊的碗。
3. 小刷子：一或二英吋寬的刷毛。
4. 秋天裡不同顏色、美麗的樹葉（不要太乾的）。
5. 擀麵棍（可有可無）。

作法：

1. 將報紙鋪在非走道的地板上。
2. 將一張蠟紙放在可清洗的桌面或櫃台上，並小心地把它弄平。
3. 塗上大量的漿糊。它會滴出來，不過沒關係。
4. 將樹葉放在塗上漿糊的蠟紙上，要注意每片樹葉下面都有塗到漿糊了。

5. 在每片樹葉上面再塗上更多的漿糊。
6. 用另外一張蠟紙蓋在你的「三明治」上。
7. 用手輕拍並輕輕揉按你的「三明治」，它才能黏在一起，用擀麵棍輕輕滾動也是很有趣的。
8. 用兩隻手小心地拿起你的「三明治」，將它放在報紙上晾乾一夜。

9. 完成之後要記得清掃乾淨。
10. 乾了之後，在各個角落釘上釘書針，以確保其黏貼在一起。然後可以用鋸齒狀的剪刀修剪邊緣，或用圖畫紙做框，加以美化。

　　當你把這個成品貼在陽光照耀的窗上，你會發現它看起來就像是彩繪玻璃窗！

麵糰葉印

　　可用麵糰來做葉印。在壓平的麵糰（見第 230 頁）上壓入一片新鮮的樹葉可以做成葉印。為保存葉印，可將麵糰放入塑膠蓋中，再壓入一片樹葉，並讓麵糰乾燥變硬。

立刻將葉片移開或就將樹葉留在麵糰上，哪一種效果比較好呢？何不兩種都試一試？

樹皮

 樹皮覆蓋著樹幹並保護著樹，就好像皮膚覆蓋著人的身體並保護人的身體一般。它對樹而言是很重要的，若樹皮有所損傷時，疾病和昆蟲就會入侵，所以**不要剝活樹的樹皮。**

活動

兒童喜歡觸摸並蒐集樹皮

1. 在地上找掉落下來的樹皮。
2. 用一個樹皮箱開始蒐集光滑的、粗糙的、厚的、薄的、捲曲的和平坦的樹皮。
3. 注意看看樹皮是否都有相同的顏色和厚度，並聞聞看是否有氣味。
4. 如果你正在砍樹或修剪樹枝，就可剝下一些新鮮的樹皮，那會很有趣。比較一下樹和樹皮內側的濕度，注意一下它的溫度，它有無氣味？

樹皮摹拓

將紙張蓋在樹皮上，讓一個人將紙張弄平並固定好，另一個人則負責塗擦[註4]。這是另一種觀察樹皮紋路的方法。也許你會想要將你喜愛的樹皮摹拓放入你的科學記事本裡（見第6頁）。

協助兒童了解生命週期

　　從這章所學到的有關樹的知識，可協助兒童了解**樹的死亡**也是重要的。

　　現在的兒童很少有機會可以經歷並了解完整及自然的生命過程，或稱為生命週期。

　　如果我們能協助兒童得到這種了解，我們也能——

1. 協助他們減少莫名的恐懼。
2. 協助他們對自己更有信心。
3. 開始為他們即將接受更多我們在生命中都將面對的個人失落預作準備。

　　在農業社會時代，所有的人都會因經驗而能明瞭植物和動物的自然生命週期。他們播下種子，然後種子長成植物。這些植物恣意生長，產出更多的種子，然後死亡。死去的植物再被犁耕翻入土壤中，腐爛後便能滋養土壤，亦是下一季所要收成之種子的良好養料。他們也都看到並了解了動物的生命週期（第92頁有更多有關動物生命週期的說明）。

　　一定要記得使用從這一章所獲得對樹的了解，協助兒童了解並看到樹死去的價值。當你在告訴兒童種子如何發育成一棵新的樹，成長並度過一生（有些長，而有些短）時，**一定要記得討論樹的生命的最後一部分——它的死亡。**

　　植物無法永遠存活，森林裡的每棵樹有一天都會死亡，回歸土壤。它會腐爛（即使是很小的孩子也能了解

這個詞的意思），而後慢慢
地變成塵土，成為新種子的
養料，使新種子長成樹。你

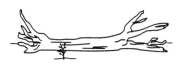

可説明城市裡砍下來的樹常被磨成護根（mulch），人們
可帶回家，鋪撒在花園裡。

　　帶你的孩子到附近的公園或森林去，那裡會有倒下
來的樹在等待**分解**（對兒童而言，這是另一個很好的
詞）。在倒下來的樹裡尋找不同腐爛
程度的樹，**摸一摸並聞一聞**腐爛中的樹，
找看看有沒有蕈類或小生物，如：蜈蚣、馬陸、
蛾蛾和白蟻（見第 69 頁），這些都在腐爛中
的木頭裡，以協助腐爛過程的進行，蚯蚓也一樣
能協助這個過程的進行。所有這些重要的生物，都叫做
分解者。

　　打電話給社區森林管理單位或附近的公
園，詢問他們如何處理他們砍下來的樹，
並問問看是否可讓你帶兒童去看看護根
堆（如果他們有的話）。學習如何
做堆肥，並開始在你的院子裡
做堆肥（見第 194 頁）。

扮演樹的一生

　　假裝自己是一顆被松鼠埋在土裡的橡子，經過雨水
的滋潤，溫暖陽光的照射——發芽成為一棵小橡樹，並
開始向陽生長——長葉子——在秋天落葉——在春天又
長新葉。年復一年，現在你已是一棵老老的橡樹了，然

後倒在森林裡的土地上——腐爛而回歸土壤——有一棵新的小樹從肥沃的土壤再長出來，而這肥沃的土壤正是你在生命結束後所造就出來的。故事又可重複開始。

《注意》大自然從不浪費！

參觀蘋果園

摘蘋果，帶回家，然後吃蘋果[註5]，做成蘋果泥（見第 222 頁，美味佳餚）。到圖書館問問看有無關於樹和森林的故事書，可閱讀 Natalia Romanova 所著的《這兒曾有一棵樹》（*Once There Was a Tree*），及由 Janice May Udry 所著並獲凱爾迪克獎（Caldecott Medal）的《美好的樹》（*A Tree Is Nice*）。

附註

註 1： 二氧化碳是一種無色、無嗅、無味的氣體，是空氣的一部分。

註 2： 年紀較大的兒童能不用膠帶就將樹葉固定住。膠帶的形狀是會顯現出來，但是可以協助幼兒進行這項工作。請記住，對幼兒而言，重要的是過程中的樂趣，而非成品的好壞。

註 3： 要在殘樹幹上數年輪，有時很不容易，除非其切割面很清楚。

註 4： 年紀較大的兒童可以不需其他成人協助，而能自己一面固定紙張，一面塗擦。

註 5： 要吃剛從蘋果園的蘋果樹摘下的蘋果，要記得先洗一洗才吃，因為可能有一些噴劑殘留在上面。

 **推薦讀物**

Udry, Janice May. *A Tree Is Nice.* New York: Harper & Row, 1956.

Romanova, Natalia. *Once There Was a Tree.* New York: Dial Books, 1985.

Lavies, Biana. *Tree Trunk Traffic*（color photographs）. New York: E. P. Dutton, 1989.

Schwartz, David. *The Hidden Life of the Forest*（color photographs）. New York: Crown Publishers, Inc., 1988.

第四章

爬行動物

　　　　　　大自然裡到處有爬行動物，就讓我們
來享受牠們所帶來的樂趣吧！

　　有些成人會恐懼及厭惡某些動物，而這些恐懼和厭惡是在小時候學到的。所以協助兒童了解所有動物都是有趣且不恐怖的，是一件令人興奮的事！若能對這些動物有較佳的了解，就可增加自信，並減少莫名的恐懼。即使是扁蝨和沙蚤也很有趣，你知道牠們有什麼重要的作用嗎？

　　認識了解動物是很有趣的，就讓我們從昆蟲及其親屬開始吧！

壹 昆蟲

　　什麼是昆蟲？認識昆蟲的一個有趣且簡易的方法，就是讓成人和兒童親自動手製作一隻昆蟲。你需要一些知識，然後開始創作。

相關知識

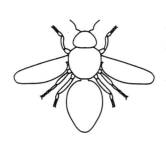

昆蟲通常有——
一對觸角（見第 58 頁的相關知識）
三個身體部位：頭部
　　　　　　　胸部
　　　　　　　腹部

翅膀：二對或一對，或甚至沒有翅膀

六隻腳（與腹部相連）

活動

畫昆蟲

作法：

1. 閱讀相關知識，並注意第 53 頁的圖畫。

2. 兒童和成人使用色彩鮮豔的彩色筆或蠟筆在任何紙上畫出自己想像中的昆蟲。

3. 如果你要為你的圖畫加框，則可將圖畫放在一張較大的圖畫紙或是從箱子剪下來或特別留下來作包裝用的卡紙上。

《注意》：每個人所畫的昆蟲會不同，這沒有什麼不對，有些兒童所畫的昆蟲甚至沒有身體部位，**大家一起快樂地從事這項活動才是主要的目的！**

剪貼昆蟲

《注意》：已會使用剪刀的兒童會喜歡從事底下所說的每一個步驟，即使是年紀很小的兒童，也會喜歡黏貼由成人或年長兒童所剪下的昆蟲的身體部位（見第 6 頁有用的指引中關於黏貼的訣竅）。

作法：

1. 用紙將下一頁裡昆蟲身體各部位的圖樣描下來，或者可以自己創作其他圖樣，然後再將圖樣剪下。

昆蟲身體各個部位的圖樣

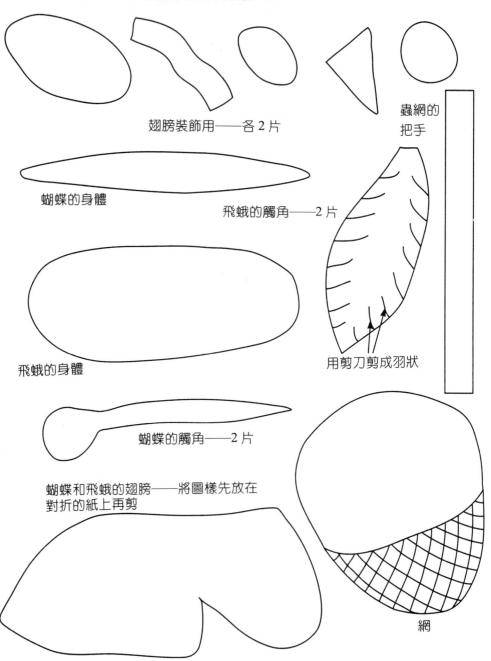

蝴蝶和飛蛾身體各個部位的圖樣（見第64頁，趣味絨布板）

翅膀裝飾用——各2片

蟲網的把手

蝴蝶的身體

飛蛾的觸角——2片

用剪刀剪成羽狀

飛蛾的身體

蝴蝶的觸角——2片

蝴蝶和飛蛾的翅膀——將圖樣先放在對折的紙上再剪

網

2.將所剪下的圖樣放在幾張色紙或白紙上。（若使用白紙，則等一下要在這個部位上色。）

3.描下昆蟲的各個身體部位並剪下來。

4.將昆蟲身體的各個部位黏貼在色紙、白紙或卡紙上。

5.為昆蟲畫上腳、觸角和翅膀（翅膀可有可無）。

6.你可能會想替你的昆蟲圖畫加框（見前述畫昆蟲之指引3）。

《注意》：每個人所完成的昆蟲都不一樣，這沒有什麼不對，有些兒童所完成的昆蟲甚至沒有身體這一部分。

大家一起愉快地從事這項活動。

昆蟲圖片展示

將圖片貼在冰箱門上或佈告欄上，邀請家人和朋友來看看你的作品，準備「螞蟻上樹」（見第219頁，美味佳餚）這道佳餚作為點心。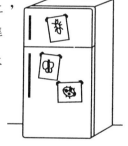

詢問來參加活動的每個人這個問題：「哪一種昆蟲沒有翅膀？」

 到戶外找一些螞蟻，坐下來好好地觀賞牠們，看看牠們如何使用牠們的觸角、牠們有多強壯、牠們會到哪裡去。請兒童圖書部的圖書館員協助你找一本有關這些趣味十足之生物的圖書。

📖相關知識📖

▣昆蟲的**觸角**（antennae）是牠們的「感覺器」，觸角有時也能感知氣味。

▣昆蟲有不同的生長方式，最簡單的（如蠹蟲）是一孵化就是一小小的成蟲。

　　較進化的昆蟲（如蜻蜓）則是從卵──孵化成幼蟲──再變成成蟲，這個過程叫作不完全變態（incomplete metamorphosis）。

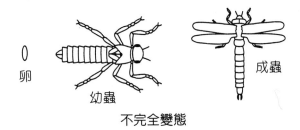

不完全變態

　　其他的昆蟲（如家蠅）則必須經過四個成長階段：卵、幼蟲、蛹和成蟲，這個過程叫作完全變態（complete metamorphosis）。真是不可思議！

完全變態

相關知識

- 所有的昆蟲身體外部都有骨骼，這稱為外骨骼（exoskeleton）。
- 昆蟲長到成蟲大小時會脫皮（脫掉牠們的皮膚），這主要是因為牠們的皮膚無法伸展，而當牠們的身體愈來愈大時，牠們需要較大的空間之故。

活動

蒐集昆蟲

我們來蒐集昆蟲吧！這是一項簡單、好玩又非常有趣的活動。不過，不要為了蒐集昆蟲，而將昆蟲弄死。一旦你決定要蒐集昆蟲，你要留意的是已經死了的昆蟲。蒐集昆蟲是認識了解這些奇特生物的好方法。

一開始，兒童可能一看到死的昆蟲就想蒐集；慢慢的，他們會變得較有選擇性。

你不用擔心病菌的問題，只要事後把小手洗乾淨就可以了。

蒐集可促進仔細檢視、整理和分類等能力。

作法：

保持簡單。

下面是一些有用的建議：

- 先在小盒子、瓶蓋或廣口瓶蓋內放入少量的膠水，再小心地將昆蟲放入。

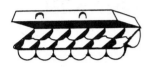

■ 在你預備要使用的容器內鋪上一層薄薄的棉花,這有
　 固定昆蟲的作用。

■ 小珠寶盒、人造奶油盒、有透明塑膠蓋的盒子,都是
　 極適合用來放置昆蟲的容器,蛋盒也很好用。

■ 堅硬的昆蟲,像蟬(見本頁左下方),
　 可用大頭針插著,這樣比較好取拿。
　 在大頭針的針尖繞上膠帶。

　 昆蟲圖書會有一些如何蒐集及展示昆蟲的更佳建
議。

觀察昆蟲

　 觀察活生生的昆蟲也非常有趣,我的哲學是觀察昆
蟲一會兒,然後再把牠們
放走。「昆蟲箱」可以用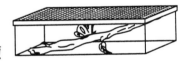
買的,或是將鞋盒盒蓋的頂
部剪掉,再鋪上尼龍網即成,這樣就可從盒蓋看到裡面
的情況,盒蓋亦可輕易移走(見第66頁,毛毛蟲變蝴蝶
)。

一·與奇妙的蟬相遇!

　 你曾看過附著在地上或樹上,脆脆的、淡棕色的蟲
殼嗎?在晚春及夏天時,有些地方的落葉樹(見第25
頁)上,你經常可以發現蟬。

　 在昆蟲世界裡,牠們的故事是最有趣的真實故事之

一。

在昆蟲圖書或《世界百科全書》裡查閱有關蟬的資料，並預備好好地欣賞其奇妙之處。

蟬的真實一生

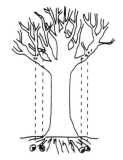

▨雌蟬在樹上的小樹枝產卵，卵孵化成幼蟲，再掉落至地面，並埋入地裡。牠們從樹根攝取養份並慢慢長大。

▨一段時間後（見下面相關知識的第一點），幼蟲爬出地面，並往高處爬，然後黏附在附近的某物上。

▨幼蟲背面的殼裂開，蟬的成蟲從裂縫中爬出來，將空殼留在下面。

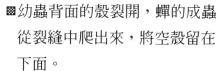

▨蟬停下來，鼓動其翅膀，然後飛到樹上去。

相關知識

▨不同種類的蟬其幼蟲停留在地底下的時間不同，有些被埋在地底下十三及十七年的幼蟲會突然出現，這對鳥和動物而言，是極為美好的饗宴！有些蟬則是每年出現一次。

▨雄蟬會停留在樹上製造一些聲音以吸引雌蟬。仔細地聆聽這些聲音吧！

▨蟬無法活很久，牠們繁殖下一代後就死去。

活動

扮演蟬的一生

　　兒童們喜歡扮演蟬一生的故事——假裝自己是小樹枝上的蟬卵——掉落至地面——將自己埋入地裡——緊緊蜷縮著——爬出地面——往上爬並黏附著某物——從裂開的蟬殼爬出來——鼓動其翅膀——自己決定要做個製造聲音的雄蟬或會產卵的雌蟬。

　　在兒童扮演時，告訴他們真相，以協助兒童做好表演。成人若也能參與，兒童會更高興！

蒐集蟬殼

　　蟬殼很容易找到。要找到活的或死的蟬較不容易，但也並非不可能。我希望你在蒐集時，兩者都能找到。（見第 59 頁，蒐集昆蟲）

蟬殼

二・蝴蝶和飛蛾

　　兒童很喜歡 Eric Carle 所寫的《好餓的毛毛蟲》（*The Very Hungry Caterpillar*）一書，這本書很有趣，但並不全然正確。先了解一些相關知識，再重讀這本書會很有意思。

【相關知識】

	蝴蝶	飛蛾
飛行的時間	白天	晚上
體型	瘦長型	肥胖型
觸角	棍棒狀，上有小圓點	羽毛狀
停棲時翅膀的位置	翅膀高舉在後，並輕輕靠攏	翅膀向身體的兩側張開
毛毛蟲來自	雌蝶所產下的卵	雌飛蛾所產下的卵
毛毛蟲的食物	卵所在之植物的葉子	卵所在之植物的葉子
由什麼東西變成	蛹	繭

　　現在當你再閱讀《好餓的毛毛蟲》一書時，你可以分辨何者為眞，何者為虛構的嗎？大家可以一起討論，然後再看第85頁的答案，看看我們所知道的對不對。

【相關知識】

▨蝴蝶和飛蛾之翅膀的花紋是**對稱**的：上翅一模一樣，下翅也一模一樣。注意看看圖片，你會發現眞是如此。試著這樣裝飾你的**蝴蝶**和**飛蛾**圖片。

▨蝴蝶的平均壽命大約是兩星期。

▨蝴蝶有一長狀舌，稱為針狀吻（proboscis），平常像
彈簧般捲曲著，直到蝴蝶要在花朵上吸吮花蜜時才會
伸直。

活動

用圖說故事

　　製作一些簡單的圖片，成人和兒童就可用來述説有
關蝴蝶和飛蛾一生的故事。

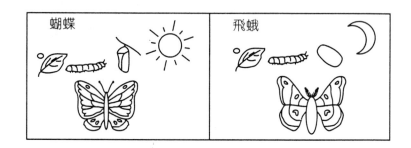

趣味絨布板

　　用絨布將硬卡紙包起來就可做成絨布板（至少要有
18 × 22 英吋的尺寸），使用毛氈布做成的蝴蝶和飛蛾
（見第 56 頁的圖樣）並配合第 65 頁的兒歌會很有趣。
無論是在有二十位兒童的班上、只有少數兒童、兒童和
成人一起，或僅有一個兒童時，都很適合進行這項活
動。

作法：

1. 準備具有多樣色彩的毛氈布，並用紙將第 56 頁的圖樣
　 描繪下來。

2. 將圖樣剪下，置於毛氈布上，沿著紙樣的邊緣將圖樣

描在毛氈布上，再把它剪下來。

3. 給每個人至少一片毛氈片。在你發毛氈片時，告訴每個人他們所拿到的是哪一部位，例如：「你的這一片是飛蛾胖胖的身體。」或「你拿的這一片是蝴蝶的觸角。」將所有的毛氈片都發出去。

4. 請一個人幫忙拿著絨布板並站在所有要玩這個遊戲的人的面前。

5. 大家一起唸兒歌，當唸到某個部位時，手中有該部位的人就站起來將那個部位貼在絨布板上。兒歌唸完時，所有的毛氈片都貼在絨布板正確的位置上，圖片就完成了。

在蝴蝶和飛蛾的圖片完成後，唸兒歌的人可以建議那些手中有翅膀裝飾片的人去裝飾蝴蝶或飛蛾的翅膀；你也可以等蝴蝶和飛蛾的圖片全都完成後，再進行裝飾的工作。

在「裝飾」蝴蝶和飛蛾時，可**別忘了**第63頁曾提過的「對稱」這個特性喔！

這個「遊戲」可將前面所談的與蝴蝶和飛蛾有關的知識和樂趣發揮得淋漓盡致。

蝴蝶與飛蛾（Carol Oppenheim 所作）

蝴蝶的身材好苗條，

直挺的觸角上有小黑點。

你在豔陽下到處飛舞，

棲息時，你的翅膀直指天空。

可愛的飛蛾胖嘟嘟，

毛茸茸的觸角真美麗。

你在月光下到處飛舞，

棲息時，你的翅膀向外伸展。

用我小小的網，我可以捕捉你們。

但是請你放心，我絕不會傷害你。

你們應盡情地自由飛翔，

不是被放在箱裡供人觀賞。

（第 56 頁的圖樣可用毛氈片製成，在唸這首兒歌時使用。）

三‧毛毛蟲變蝴蝶

　　不管是什麼年齡的人，觀看毛毛蟲變蝴蝶都同樣令他們著迷，這其中也有許多樂趣與學習的機會。

　　春天時，可種植香菜、胡蘿蔔或蒔蘿等植物，以吸引黑鳳尾蝶。雌蝶在這些植物上產卵，毛毛蟲孵化後就吃這些植物，大多數毛毛蟲只吃特定植物的葉子。馬利筋屬的植物（有許多種類）則吸引帝王蝶。所以——

1. 仔細觀察這些植物以尋找毛毛蟲。

2. 將毛毛蟲及牠們喜歡吃的食物放在你的昆蟲箱裡，並隨時供給新鮮的食物。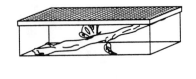

3. 觀察毛毛蟲吃東西、脫皮、最後化成蛹。一段時間後，牠就會羽化成一隻美麗的蝴蝶。你必須在昆蟲箱裡放置一根棍子，蝴蝶才可以爬上去伸展其翅膀。一

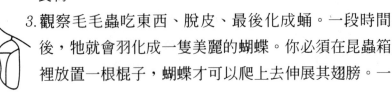

定要記得在昆蟲箱裡留有足夠的空間，翅膀才可以自由移動。看過這奇特的現象之後，再看「你的」蝴蝶自由地飛向天空，將會更令人感動。

4.邀請不同年齡的朋友和鄰居一起舉辦一個蝴蝶 放生派對。

　　如果你知道飛蛾的毛毛蟲愛吃什麼食物，你就能看到飛蛾破繭而出的情況了。

　　可詢問保育單位或自然資源管理單位是否提供關於蝴蝶園藝的小冊子，這些書可協助你了解什麼樣的植物可吸引其他的蝴蝶或飛蛾。書店也可能有這些指引。

活動

扮演蝴蝶和飛蛾的故事

　　兒童喜歡扮演蝴蝶和飛蛾的故事，他們喜歡有成人或年紀較大的兒童和他們一起扮演。

作法：

1. 在地板上將自己的身體蜷縮如球狀，假裝自己是一個雌飛蛾或雌蝶剛產下的蟲卵。

2. 卵孵化成毛毛蟲（仍舊在地板上）。

3. 啃食母親產卵所在的植物（注意，大多數的毛毛蟲只吃特定植物的葉子，並不吃其他植物的葉子），然後變得愈來愈胖，並隨著體型變大而脫皮。

4. 此時，每個人自己決定要扮演飛蛾或蝴蝶。蝴蝶的毛毛蟲化成蛹（將手放在頭上形成一三角狀），飛蛾的毛毛蟲則吐絲作繭（頭作吐絲纏繞的動作，然後將自己再變成一個球的形狀）。

5.翅膀（手臂）緊靠身體兩側慢慢從蛹或繭裡出來。

6.全部都站起來，並慢慢向下鼓動你的手臂，再慢慢往上舉並鼓動雙臂成飛翔狀。

7.活動要結束時，可建議大家「現在我們將翅膀靜止不動」（「蝴蝶」將手臂靜止在其頭上，而「飛蛾」則是手臂向兩側伸展）。

四・與昆蟲有關的其他活動

1.購買《美好自然指南系列》一書中有關昆蟲的單元，所費不多，但非常有用。

2.請圖書館館員協助你尋找有關昆蟲知識的書，或與昆蟲有關的故事書。

3.告訴兒童有些昆蟲對人有益，有些昆蟲則對人有害。兒童們都喜歡瓢蟲，也喜歡聽到牠們會吃掉有害的蚜蟲而對人有益。每個人都知道蚊子是有害的。驅蟲者會有一些有關害蟲的冊子供人索閱。

貳 昆蟲的親屬

你在尋找昆蟲時，常常會發現蚋蛾、蜈蚣、千足蟲、蛞蝓或蝸牛等。

活動

　　將石頭及花盆翻轉過來，並在樹下的植物裡尋找，你將可發現這些奇特的動物。

　　要記得小心地將石頭和花盆放回原位，它們是許多爬行動物的「家」。

　　這些動物並不是昆蟲，但也都相當有趣。

蚜蛾

　　蚜蛾還有其他名字，如胖蟲、發癢蟲和土鱉。觀察牠們是很有趣的。

蝸牛和蛞蝓

　　蝸牛亦令人著迷，蛞蝓則是無殼蝸牛。

┌─相關知識─┐

▣蝸牛隨處可見：地上、淡水和海水中及寒冷地區。

▣蝸牛和蛞蝓的身體都濕濕黏黏的，
　因此必須有水份才能生存。

▣將一片刮鬍刀片刀口向上放在蛞蝓要走的路上，蛞蝓
　身上的黏液可使蛞蝓爬過刀片而不會受傷。

▣有些蛞蝓因為會吃植物而被視為有害的動物。

活動

觀察蚜蛾

　　小心拾起一隻蚜蛾，並用眼睛及放大鏡觀察。你看到了幾隻腳和觸角呢？

　　我的百科全書告訴我牠們有五對或以上的腳。為什麼牠們總是蜷縮著呢？牠在你身體上行走時，會使你覺得癢嗎？請輕輕地將牠放回牠的家去。

觀察蛞蝓

　　在潮濕的花盆下找找看有沒有蛞蝓，小心地將牠拿在手上。牠的身體濕濕黏黏的，但是牠一點也不會傷害你。尋找牠那兩對觸角，較長的那一對觸角上有眼睛。摸摸牠身上的黏液，這些黏液是牠身上的分泌物，是用來潤滑路徑用的。

　　將一隻蛞蝓放在一張黑紙上，看看牠們身上的黏液畫出什麼樣的圖案來，並用來考考你的朋友，看他知不知道這圖案是誰設計的。

觀察蝸牛

　　到處找找，看看有沒有蝸牛可供觀察。牠走得很快或很慢？幸運的話，你或許可以蒐集到一個空的蝸牛殼。

一・蜘蛛

　　蜘蛛不是昆蟲，牠們是八隻腳的節足動物。

　　蜘蛛是有益的生物，不該被視為可怕的生物。

　　大部分的蜘蛛咬人並不會引起什麼傷害，不過，由於有些蜘蛛咬人會有不良影響，因此**要教導兒童不要捉蜘蛛。**

　　在室外觀察蜘蛛是有趣的，屋內若有任何蜘蛛，應由成人將牠趕出屋外。

蜘蛛有——

兩個身體部位

八隻腳

沒有翅膀或觸角

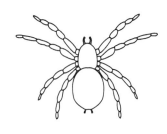

 相關知識

▨蜘蛛屬於八隻腳的節足動物。

▨蜘蛛捕食許多有害的昆蟲，如蒼蠅和蚊子。

▨蜘蛛用牠那銳利的牙一咬，就能使受害者失去活動能力，而受害者通常是昆蟲或是其他蜘蛛。

▨牙內有「汁液」可使受害者內部的組織變成液狀，蜘蛛再將之吸入自己體內作為養分。

▨被某些蜘蛛，如：黑寡婦和棕隱士咬到是**很危險的**，會致病或甚至死亡。

黑寡婦

棕隱士

▨因蜘蛛的種類不同，雌蜘蛛每次產卵數也有差異，從很少至 200 個都有！大部分的蜘蛛卵被強固的絲裹在卵囊裡。

▨剛出生的蜘蛛很小，大部分都自己照顧自己；不過，剛出生的狼蜘蛛會依附在母親背上一星期或更久！

▨所有的蜘蛛都會隨著體型變大而脫皮，你認為是死的蜘蛛，可能就是蜘蛛的皮。找找看有無蜘蛛的「皮膚」。

▨所有的蜘蛛都會吐絲，但有些蜘蛛不會作網，牠們會去覓食，或是在原地等待食物上門（抬頭看看屋頂活門上的蜘蛛）。見第 73 頁的毒蜘蛛。

▨蜘蛛絲非常強韌，有些小鳥會用它來築巢。

活動

結網

　　用線或繩與膠帶或圖釘在佈告欄或卡紙上「結網」是有趣的。自己設計一個網，或在有關蜘蛛的書上找一張蜘蛛網的圖片，作為自己將要製作的網的圖樣。剪下蜘蛛的圖片或自己畫一隻蜘蛛放在網上。

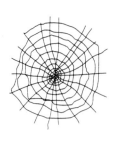

其他活動

1. 享受在戶外觀察蜘蛛的趣味。

2. 自己來畫蜘蛛，或用色紙或蛋盒來做蜘蛛的身體，再以水管清潔器來做蜘蛛的腳——要發揮創造力！好好

地玩一玩。

3. 出去尋找蜘蛛網，每天都加以觀察，看看會有什麼變化。用噴霧器對著蜘蛛網噴水，看它在陽光下閃閃發光，你也可能找到一張有陽光照射的蜘蛛網。清晨時，你可能可以找到一張上面有晨露的蜘蛛網。試著為蜘蛛網拍一張快照。有些蜘蛛會每晚把自己的網吃掉，然後再結一張新網，所以如果你的網不見了，不要覺得意外。

4. 觀察攜帶白色卵囊的雌狼蜘蛛。

5. 請圖書館館員協助你找到一些介紹蜘蛛的書籍和故事書。享受閱讀 Eric Carle 所著《好忙的蜘蛛》（*The Very Busy Spider*）及 Margaret Graham 所著《善待蜘蛛》（*Be Nice to Spiders*）等書的樂趣。

6. 從自然資源管理單位或保育單位那裡，了解有關你住家附近的蜘蛛的種種知識。

毒蜘蛛

　　毒蜘蛛是真正有益的蜘蛛。牠們那巨大的體型及毛茸茸的外觀，常令人覺得害怕；不過，我們來了解一下有關牠們的一些知識。

【相關知識】

▨ 毒蜘蛛是大的、毛茸茸的、覓食型的蜘蛛。
▨ 牠們捕食許多有害的昆蟲。

■牠們在晚上覓食，通常住在蜥蜴或齧齒動物放棄的洞穴。

■牠們很害羞，常會想避開人。

■被牠們咬到的感覺就像被蜜蜂螫到一樣。

■被牠們咬到並不會比被其他蜘蛛咬到更危險。

活動

在有關蜘蛛的圖書或《世界百科全書》裡尋找有關毒蜘蛛的介紹。到動物園或寵物店去看看有沒有活的蜘蛛可觀察。

二‧蜘蛛的親屬

沙蚤、扁蝨、蠍子和盲蜘蛛等，也都是八隻腳的節足動物，我們需要對這些動物多加了解！

沙蚤和扁蝨

沙蚤和扁蝨並不是受歡迎的動物，我想不出來牠們有什麼值得稱許的地方，你能嗎？可用驅蟲劑來避免牠們靠近，並在扁蝨進食前先檢查自己身上有無牠們的蹤跡。

相關知識

■扁蝨會咬人和動物，並吸吮人和動物的血。牠們會傳播疾病。

▨每隻雌扁蝨可產下數百個卵，有時甚至數千個卵。

▨沙蚤也與扁蝨一樣會咬人，但是牠們不會深入皮下去
　吸血。牠們用其特殊的口器去接觸受害者的皮膚，再
　將唾液注入皮膚，而唾液會溶解皮膚細胞並使人發
　癢，牠們即以此液狀組織為食，而非血液。

蠍子

蠍子是尾巴末端有刺的小型動物。

[相關知識]

▨牠們吃昆蟲和蜘蛛。蠍子用尾部的刺去刺受害者並吸
　吮受害者的體液。

▨母蠍產下幼蠍後，幼蠍會在母蠍背上停留數天。

▨被蠍子咬到後，傷口會很痛，但並不會致命。

盲蜘蛛

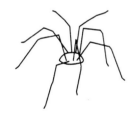

盲蜘蛛不會傷人，觀察牠們的活動是很有趣的。牠
不會咬你，只是讓牠在你的皮膚上行走時，你會覺得癢
而已。

[相關知識]

盲蜘蛛又名長腳蜘蛛。

活動

　　找一隻盲蜘蛛，觀察牠是如何移動以及要到哪裡去。牠會在你的手上爬行嗎？也許你會看到一隻正在吃昆蟲的盲蜘蛛。

參 🐢 蛇

　　現在我們來學習一些有關蛇的知識。有許多成人很怕蛇，並且將他們的恐懼轉移給兒童。如果這些怕蛇的成人能試著去了解一下蛇，他們就會發現他們的恐懼是很容易控制的。

📖 相關知識

🔲 大部分的蛇並不會傷人，而且還對人有益。

🔲 蛇的食物包括各種大大小小的老鼠。牠們對齧齒類動物數量的控制是很有助益的。

🔲 蛇並不會追趕人，牠們甚至希望人能離開牠們遠一點。

🔲 蛇沒有眼瞼，牠們的眼睛總是睜著。

🔲 蛇能爬樹，也擅於游泳。

🔲 蛇身涼而乾燥，不黏滑。

🔲 蛇的舌頭不會傷人，而且有助蛇的觸摸及嗅聞能力。

◪蛇會脫皮，因為牠們的皮膚不會隨其體型變大而改變。蛇在脫皮時總是將蛇皮往外翻。

毒蛇

大多數的人都知道被某些蛇咬到會生病或甚至死亡，大部分的動物園和許多書籍都稱這些危險的蛇為毒蛇。

這些蛇除了有一般蛇有的小牙齒外，另外還有尖牙。

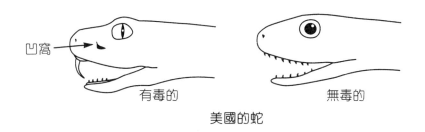

凹窩

有毒的　　　　無毒的

美國的蛇

蛇咬人時，**毒液**（有毒的液體）會經由蛇的尖牙進入受害者體內，是蛇的毒液有毒，而非蛇本身有毒。

有凹窩（如左上圖蛇頭部上可見的開口）的毒蛇，稱為凹窩毒蛇（pit vipers）。

由右上圖也可看出無毒蛇也有牙齒，而毒蛇的瞳孔形狀和無毒蛇的不同。

應教導兒童不要抓蛇。由於大部分的人並不擅於辨識蛇，因此最好**離蛇遠一點**，但是別忘了牠們是一種重要的動物。

活動

製作一條蛇

材料：

▨一隻廢棄不用的短襪（成人尺寸）。

▨廢棄不用的褲襪或剪碎的碎布。

▨剪刀—毛氈—黏膠—針和線。

作法：

1. 將褲襪的腿部部位剪掉。

2. 將褲襪塞入短襪內，讓「蛇」的開口處或「尾部」看起來較瘦些。

3. 將「尾部」用針線縫合。

4. 用毛氈剪兩個眼睛，再用黏膠黏貼上去。

5. 用毛氈剪一個舌頭，再用針線縫上去。

6. 替蛇取一個名字，並告訴每個人蛇是如何的有用和有趣。

剝蛇皮（成人或年長兒童的工作！）

你要看蛇脫皮嗎？

材料：

1. 你剛完成的蛇。

2. 從褲襪剪下來的腿部部位。

作法：

1. 將褲襪的腿部部位剪下一隻備用，然後將蛇裝進去，並將褲襪往上拉。將蛇的尾部先放入再開始往上拉，使褲襪的開口剛好在蛇的嘴巴那裡。褲襪就是蛇的皮

膚。

2. 將褲襪的開口處在蛇鼻附近收緊，只讓蛇的舌頭留在
   外面，使蛇的皮膚看起來好像「繃緊」的樣子。

3. 假裝在石頭上磨擦「皮膚」以鬆開皮膚，現在將「皮
   膚」往外拉（就像要脫掉汗衫時，將汗衫往外翻脫那
   般），你的蛇所脫下的皮就像真蛇脫皮一般，是由裡
   往外翻的。

其他有趣的活動

🔲 到圖書館借閱有關蛇的書（從兒童圖書部），你就可
　 以學到更多有關蛇的知識。Patricia Lauber 所著的《狩
　 獵蛇》（*Snakes Are Hunters*）一書（New York: Harper
　 Collins, 1988），就是一本你會喜歡的書。閱讀有關大
　 蟒蛇的部分。

🔲 與兒童一起去探索──什麼是爬蟲類動物？《世界百
　 科全書》會有用處。

🔲 查閱「冬眠」一詞的意義。

🔲 帶著你新獲得的知識去動物園參觀，並尋找爬蟲類動
　 物。

🔲 你去動物園時，仔細觀察有毒及無毒的小蛇，看看是
　 否可看到凹窩。

🔲 在有人看守的情況下，例如在寵物動物園裡，可鼓勵
　 兒童去摸一摸蛇。

🔲 兒童喜歡用麵糰（見第 230 頁，製作麵糰的材料和方
　 法）來製作蛇或其他動物。麵糰作品完成後，再替它
　 上色也很有趣。

■閱讀許許多多有關爬行動物的好書，並享受其中的趣味，第 87 頁推薦讀物裡有一些相關的好書。

肆 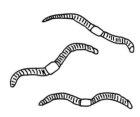 蚯蚓

蚯蚓是有趣且有益的動物，抓一隻冰涼、潮濕、蠕動的蚯蚓在你手中，要溫和些——牠不會傷害你的。如果你讓兒童知道這很有趣，他們可能也會想要試一試。

【相關知識】

■蚯蚓必須隨時保持身體潮濕，否則會死亡。

■牠們就像犁一樣，能混合及鬆動土壤。

■牠們沒有眼睛或耳朵，但是牠們能分辨明暗並感知任何震動。

■牠們沒有骨頭或肺部，氧氣是經由皮膚進入體內的。

■牠們有五對心臟。

■牠們的**糞便**（排出物）能使土壤變肥沃。

糞便

■冬天時，蚯蚓會深藏於地底下，這樣牠們才不會凍著了。

■蚯蚓是其他許多動物的食物，如鳥、青蛙、蟾蜍和蛇。蚯蚓也是很好的釣餌。

活動

學習與蚯蚓有關的知識

尋找更多與奇特的蚯蚓有關的知識，圖書館會有很多相關的圖書。

挖蚯蚓

將蚯蚓放入一個鋪有一層薄薄土壤的箱子裡，觀察牠們如何移動。用放大鏡檢視牠們，並找出**生殖環**（clitellum）所在的位置（圍繞在蚯蚓身體的環帶區）。觀察結束後，要將蚯蚓放走，免得牠們的身體變乾了。

生殖環

到陰暗處探險去！

蚯蚓看不見紅光。用一張紅色的玻璃紙包住你的手電筒（用橡皮筋固定），然後去看看夜行性爬行動物如何覓食。即使你沒有看到任何蚯蚓，這項活動仍會很有趣。

做蚯蚓的朋友

建議兒童做蚯蚓的朋友，看到蚯蚓困在人行道和車道時，要將牠們移到草地上去。下過雨後，你常可看到蚯蚓，牠們到地面上來，是要遠離浸水的洞穴。

為蚯蚓造一個家

　　到誘餌店買一些蚯蚓，檢視牠們的身體構造，留一些去釣魚，另留一些放在廣口瓶內觀察。

作法：

培養土

沙

院子裡的土

1. 在廣口瓶（28 盎斯大的或大一點的花生醬罐子也可以）作如圖所示的佈置。材料必須要是潮濕的，但不可好像泡在水中一樣。

2. 在最上層放入三或四隻蚯蚓，蚯蚓就會往下挖洞。

3. 在最上層放入一層薄薄的腐爛中的樹葉。

4. 如果你想在廣口瓶上覆蓋尼龍網也可以，不過牠們是不會爬出來的。

5. 在廣口瓶上蓋一個盒子，使其變暗，也可用黑色的卡紙做一個「套管」或用黑色的襪子套住廣口瓶。

6. 檢查看看有無洞穴，幾天之後就**把牠們放走**。

　《注意》：在晚秋時將蚯蚓放在廣口瓶內直到早春為止，這是很有趣的。你應讓牠們保持潮濕，但也要注意不要讓牠們泡在水中，所以在有需要時才在土上澆點水。每個星期都要放點麵包屑或一小片的生菜葉在土上，作為牠們的食物。讓兒童溫和地將土及蚯蚓倒在紙盤上，並摸一摸牠們，看看牠們在做什麼。提醒兒童要溫和地、小心地對待蚯蚓，並在牠們變乾之前，將牠們放回廣口瓶內。春天時，可舉行一個蚯蚓放生派對，將土及蚯蚓倒在你家的院子裡，蚯蚓和你的花園都會很快樂。

在家裡或教室裡做含有蚯蚓的堆肥[註1]

這項活動會令人覺得興奮、有趣且充滿動手操作的學習經驗，並在你眼前示範如何做堆肥。如果你有一個可放蚯蚓的堆肥箱，你就可以餵養蚯蚓、點算蚯蚓數、看到如絲線般的蚯蚓寶寶，甚至可以看到蚯蚓的卵囊，並看到蚯蚓寶寶從卵囊出生的景像呢！

卵囊

你也將會有許多的訪客要來看看蚯蚓的活動狀況，我建議你試試這項活動。

材料：

▨有蓋的箱子——我們準備的是一個9英吋寬×13.5英吋長×9英吋深的塑膠盒。有塑膠襯墊的泡沫膠冷藏箱或堅固的厚紙箱也適用。

▨箱子先放在盤子、舊餅乾盒或有塑膠襯裡的盒子上，再將它們一起置放在石頭、磚塊或人造奶油盒上。

▨在箱子底部用鑽孔機鑽約十個小洞，以作為排水之用。

▨一些用來鋪在箱底的有機質材料，如青草、稻草、切碎的葉子或切碎的紙張。先鋪切碎的葉子和切碎的紙張，要將這些材料弄濕，濕度就像是把泡水海棉的水份擠乾後那般。

▨蚯蚓——最好是紅蚯蚓或「紅蟲」（非夜行性爬行動物）。這些都可以在釣餌店買到。我們就從一百隻紅蚯蚓開始，Marjorie Lamb的書中談到製作含蟲堆肥的章節曾提及：「一個3呎立方大的箱子可放一磅的蚯

蚓。」

作法：

1. 按照上面的說明來佈置箱子。

2. 使用在第 194 頁談到製作堆肥時所提到的食物殘渣來餵養蚯蚓。記得要把像香蕉皮這類的東西切成小碎塊。

3. 將食物殘渣埋入鋪箱底的材料裡。（我很難告訴你該加多少廚餘進去。）我至少加入了裝滿一個 16 盎斯紙盒的廚餘，每星期還放入一些咖啡渣滓及庭院植物的落葉。Marjorie Lamb 說紅蚯蚓每天都要吃與牠們的體重相當的食物！

4. 不要讓蚯蚓處在不適當的溫度下，適合牠們生存的溫度是華氏 40 至 80 度或攝氏 5 至 27 度。在箱子旁邊放一個溫度計，兒童就可隨時查看溫度。

5. 要讓鋪箱底的材料隨時保持潮濕，但不要將它泡在水中。不要擔心蚯蚓會逃走，牠們喜歡留在陰暗、潮濕的家。（第一天我確實在盤子裡發現一些蚯蚓，牠們可能是經由洞口爬出來的，但因為缺少水份，牠們很快就死了。）

 春天時，我們將含有蚯蚓的堆肥倒在學校的花園裡，每位兒童都有機會將蚯蚓及堆肥倒到地上去，蚯蚓和花兒都很快樂！

你已預備好試試這項與蚯蚓有關的奇特活動嗎？

唱「蚯蚓之歌」^{註2}

（使用小星星的旋律）

蚯蚓住在地底下，

躲著不被人發現。

牠們一直在挖洞，

幫助我也幫助你。

可使土壤軟又好，

我要盡力協助牠。

伍 🐌 第 63 頁有關昆蟲之問題的答案

卵孵化成毛毛蟲：對

毛毛蟲的食物有許多種：錯

毛毛蟲會吐絲作繭：對

蝴蝶是破繭而出的：錯

《注意》：**蝴蝶**是由蛹羽化而成，飛蛾才是破繭而出。

附註

註 1 : 這個想法來自 Marjorie Lamb 所著的《每天兩分鐘使植物更青翠》（*Two Minutes a Day for a Greener Planet*）這本好書（New York: Harper & Row, 1990），她稱此項活動為製作蟲堆肥。

註 2 : 讓兒童擔任你的合音是很有趣的。你唱一行，兒童就隨著你唱那一行，直到整首歌唱完為止。兒童會唱了之後，你們就可以一起合唱了。

 **推薦讀物**

Brinckloe, Julie. *Fireflies*. New York: Macmillan Publishing Co., 1985.

Carle, Eric. *The Grouchy Ladybug*. New York: Thomas Y. Crowell, 1977.

Carle, Eric. *The Very Busy Spider*. New York: Philomel Books, 1984.

Carle, Eric. *The Very Hungry Caterpillar*. New York: Philomel Books, 1969.

George, Elly Kree. *Please Don't Step On Me*. Cherokee, North Carolina: Cherokee Publications, 1981. (Write Cherokee Publications, P.O. Box 124, Cherokee, NC 28719-0124.)

Graham, Margaret Bloy. *Be Nice to Spiders*. New York: Harper & Row, 1967.

Lauber, Patricia. *Snakes Are Hunters*. New York: Harper Collins, 1988.

McDonald, Megan. *Is This a House for Hermit Crab?* New York: Franklin Watts, Inc., 1990.

Parker, Nancy Winslow, and Joan Richards Wright. *Bugs*. New York: Greenwillow Books, 1987.

第五章

大大小小的
野生動物

這個世界有這麼多奇特的動物，

有些大，有些小。

你不覺得去認識、了解牠們

是一件有趣的事嗎？

　　任何年齡的人都會對野生動物感到好奇，在你對野生動物作更多的了解之前，下面是一些**每個人都應該知**道的 相關知識 ：

■當你在樹林裡漫步時，你可能看不到任何動物，因為許多野生動物是屬於夜行性（在夜間活動）動物，而且牠們也不喜歡靠近人。

■野生動物無法變成溫馴的寵物，因此不要想去飼養野生動物。

■幼小的野生動物被人照顧一段時間後，**牠們就會失去**在野地裡自己照顧自己的本領。如果你發現受傷的野生動物，一定要與野生動物救援組織聯繫。

■幼小的動物很少會被遺棄，牠們的父母可能就在附近而已。

■公園管理人員表示，餵食野生動物會害死牠們，因為——

　▪垃圾食物對牠們並不好，也會擾亂牠們原有的進食習慣。

　▪幼小的動物會因為沒有學會如何尋覓自然的食物而餓死。

　▪野生動物習慣人之後，會喪失天生的**警覺性**，就更

容易被掠奪者所害。

▪ 有些動物是在乞食時被車子撞死的。

餵食野生動物在許多地方是違法的，所以請尊重牠們的野性，並**為了牠們及自己的安全而與牠們保持距離**。（你可能會被動物咬傷，而必須去作狂犬病的治療注射。）

壹 ✾ 狼

當幼兒被問到：「你想樹林裡會有什麼動物？」時，他們通常會先想到狼。你想這是因為幼兒害怕狼的緣故嗎？害怕常是因為不正確的訊息所引起的，兒童會因為了解事實而增加信心。

📖相關知識📖

▨在美國，狼的數目已經比以前減少了。

▨許多狼被人捕捉及獵殺。

▨狼需要大的活動範圍，而這種棲息地並不多。動物的**棲息地**必須要有牠們生存所需的各種東西——足夠的食物、水、庇護所、空間和適當的氣候。

▨在美國（阿拉斯加除外），狼是屬於瀕臨絕種的動物，任何對牠們有害的行為都是違法的。

▨不要害怕會遭受狼的攻擊，牠們主要是以大型的有蹄動物，如麋和鹿，及一些小型獵物為食。（見第 92 頁，掠奪者與獵物）。

你知道你居住的地區有狼嗎？

活動

▨詢問保育單位或自然資源管理單位，看看你居住的地區是否有狼、狐狸或土狼。向森林管理員索取有關這些動物的資訊。

▨重新閱讀極受歡迎的故事書《小紅帽》（*Little Red Riding Hood*）及《三隻小豬》（*The Three Little Pig*）。確定兒童都了解這些故事是虛構的，真正的狼並非如故事書所說的那樣。兒童要能了解狼的真實面貌，牠們才能享受這些虛構的故事所帶來的樂趣，而不會覺得害怕。（見第 92 頁，掠奪者與獵物）。

▨詢問圖書館館員有無 Joyce Milton 所作的《大野狼》（*Wild, Wild Wolves*）一書（New Work: Random House, 1992）。這本書介紹了狼的真實面貌，並以吸引人的故事來加以說明。

音樂介紹

　　兒童很喜歡 Sergey Prokofiev 所作的《彼德與狼》（*Peter and the Wolf*）及 Camille Saint-Saëns 所作的《動物狂歡節》（*Carnival of the Animals*）。

　　兒童很喜歡表演下列的音樂劇：Carol Kaplan 及 Sandi Becker 所作的《三隻小豬歌劇》（*Three Piggy Opera*），《三隻粗心的母山羊》（*Three Nanny Goats Gruff*）及

Carol Kaplan 所作的《小紅母雞》（*The Little Red Hen*）。

猜猜看

　　成人和兒童試著說出居住地附近樹林裡的所有動物（大大小小）的名字。保育單位或自然資源管理單位會有很好的免費資料可協助你進行這個遊戲（見第 8 頁，有用的資源）。如果他們無法協助你，圖書館的兒童圖書部也可提供有關浣熊、鹿、臭鼬鼠、豪豬及海狸等動物的圖書，了解這些奇特的野生動物是有趣的。

貳 🐢 掠奪者與獵物——
大自然的計畫之一

　　兒童喜歡了解大自然的計畫是如何運作的！即使是幼兒也能了解大自然的計畫提供了所有生物食物。

活動

協助兒童認識掠奪者與獵物

　　幼兒能了解有些動物是肉食動物——牠們是**掠奪者**——而有些動物會被其他動物捕食——牠們是**獵物**——有時掠奪者會被其他掠奪者所食，此時牠們就成為獵

物了！這種資訊會讓兒童覺得害怕或安心呢？**兒童如果能了解大自然的計畫如何運作，他們就比較不會害怕。**所以你將要如何開始呢？

　　向兒童說明──

▨大自然提供生物食物。

▨在大自然的計畫裡，年老或生病的獵物，如兔子或松鼠，牠們的生命幾乎就已達終點了，牠們有時會被肉食的掠奪者捕捉來作為食物。

▨掠奪者**不是殘忍──牠們是餓了**才捕食其他動物，牠本身就是肉食動物，必須吃這種食物。

▨健康、強壯及動作敏捷的幼兔或其他的獵物會逃走、成長，並在往後的日子裡繁殖下一代。

▨大自然裡尚有許多別的動物，如蚯蚓和青蛙，所以許多其他動物就有食物可吃。

▨人在釣魚及打獵時也是掠奪者。

▨人不會被誰所食。

在院子裡尋找掠奪者及獵物

　　你知道有些昆蟲如瓢蟲、螳螂及蜻蜓是有益的掠奪者嗎？牠們吃許多有害的獵物如蚜蟲、蒼蠅和蚊子。

　　看大自然的計畫在運作是有趣的，你將會發現**大自然的食物計畫就是食物鏈**（food chain），通常是從太陽開始。沒有太陽，植物或動物就無法在地球生存下去。下頁的圖就是一個食物鏈的例子──

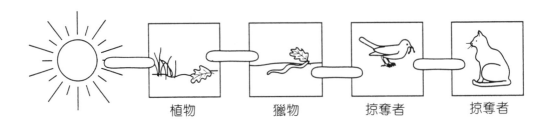

在食物鏈裡，太陽使青草和葉子生長，蚯蚓吃青草和葉子，鳥吃蚯蚓，貓則吃鳥！貓沒有被誰吃掉——所以是食物鏈的終點。

玩大自然的「食物鏈遊戲」是很有趣的，也能協助兒童了解所有的植物和動物都彼此互相需要，在這個世界裡都是重要的。

下圖是另外一些食物鏈的例子——

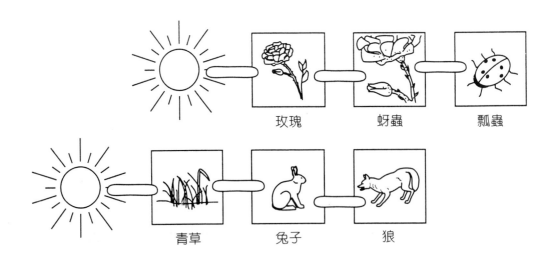

《注意》：狼不是殘忍——只是正好餓了，而牠們所吃
　　　　　的兔子可能是年老的、虛弱的或生病的。

　　看看你能不能再多想出一些食物鏈的例子來，並在食物鏈裡畫上生物的圖，或去找一些動物圖片或動物貼紙來使用。見第 102 頁的肉食鳥，看看貓頭鷹、老鷹和禿鷹，牠們是重要但常遭誤解的掠奪者。

參　鳥類

　　鳥會帶給我們美麗的視覺感受與悅耳的叫聲，並協助我們控制昆蟲。你能想像這個世界如果沒有鳥會是什麼模樣嗎？

相關知識

羽軸

外形毛

▨鳥有極佳的飛行構造。

▨牠們羽毛重疊的情況就像屋瓦一般，且具有保護、「順應氣候變化」及欺敵的作用。

▨鳥的羽毛強韌又輕盈，在鳥的身體、翅膀及尾部可發現堅硬的外形毛。

▨外形毛下靠近鳥身體的柔毛則較蓬鬆和柔軟，具有保暖的作用。

▨鳥的腳沒有感覺，所以不用擔心牠們的腳常涼冰冰的。

▨鳥具有能看近處及遠方的大眼睛，但是牠們的眼睛不能轉動，所以牠們必須轉動頭部才可以看到不同的方

向。牠們那銳利的視力可協助牠們覓食、求偶及尋找棲息處。

▨ 你看不到鳥的耳朵。鳥頭的兩側，眼睛的後下方，被羽毛覆蓋住的小洞，就是牠們的耳朵。鳥的聽力很好，尤其是貓頭鷹（見第 103 頁）。

▨ 鳥有鳥喙和舌頭，但是沒有牙齒。鳥的沙囊（胃的特殊部位）能磨碎食物。第 99 頁有更多與鳥喙及鳥腳有關的資料。

▨ 鳥會築巢，以便下蛋並撫育幼鳥。所有的鳥都會下蛋，大部分的鳥會坐在蛋上面（孵蛋），直到小鳥孵出來，再照顧牠們的幼鳥。因為鳥只有築一種巢及發出某種叫聲的本能，因此牠們無法做選擇，而人就可以做各種選擇。本能是一種出生就具有的行為，不是後天學習而得的。

活動

▨ 找出一種不孵蛋，也不照顧幼鳥的鳥類來。在鳥類圖書或《世界百科全書》裡查閱有關椋鳥的資料。

▨ 閱讀由 Seuss 博士所作的《霍通孵蛋》（*Horton Hatches the Egg*）這本有趣的書，Mazie 會讓你想起椋鳥嗎？

▨ 買一本鳥類鑑識手冊，你就可以開始認識各種鳥的名字。《美好自然系列指引》中鳥類這一單元，是一本便宜的基本圖書，對初學者很有用處，大部分的書局

都有賣這本書，也有許多其他的鳥類圖書。或是請朋友及鄰居幫助你鑑識鳥類。

製作鳥的給食器

（需成人協助；儘可能讓兒童自己動手做）

　　餵鳥時，可讓牠們靠近你，使你更清楚地看到牠們。擁有一本鳥類鑑識手冊能提高樂趣與學習的興致。欲丟棄的家用品可用來製作這種給食器。

材料：

1. 紙製牛奶盒或塑膠製牛奶罐。

2. 做棲木用的小樹枝。

3. 做掛繩用的細繩。

4. 捲筒衛生紙的捲軸。

5. 將柳橙或葡萄柚切半。

6. 食物——鳥餌、花生醬、葡萄乾、小紅莓。

作法：

1. 注意圖片上的給食器，看看要如何製作牛奶盒及牛奶
　　罐給食器。

2. 在捲筒衛生紙的捲軸上塗上花生醬，滾上鳥餌，用細繩穿過捲軸，將細繩的兩端綁在一起。

3. 吃掉柳橙和葡萄柚的果肉，如圖片所示般綁上細繩，放入鳥餌及其他食品，如葡萄乾和小紅莓。

4. 將這些給食器掛在窗戶附近，你就可以好好的欣賞居家附近的鳥兒了。

　　將給食器放在樹叢裡或靠近樹叢的地方，是特別受到鳥兒青睞的。

提示：

1. 詢問保育單位或自然資源管理單位有關餵鳥的訣竅。

2. 我們大都買些黑色可榨油的葵花子、一些混合的種子及薊花子（以吸引雀科鳴禽類的鳥）。

3. 蜂鳥給食器不會很貴，上面通常有部分鮮豔的紅色（蜂鳥喜歡紅色）。你可以自己做糖水——四份水一份糖，你不需要把糖水染紅。用玻璃瓶裝糖水，再將它放入冰箱內。每天都要將給食器洗乾淨並更換糖水。千萬不可使用蜂蜜。

4. 啄木鳥喜歡油脂，也就是肥肉。從肉販那兒買一些回來，把它放在網狀洋蔥袋裡，將開口綁緊，然後掛在樹上。如果住家附近有松鼠，你就需要買一個堅固的油脂給食器，在鳥類給食用品店可以買得到。我們將油脂給食器以掛圖畫用的鐵絲綁在樹上。

　　但願你能避免松鼠接近你的給食器。

觀察鳥喙與鳥腳

　　當你開始仔細地觀察鳥兒時，一定要記得看看鳥喙及鳥腳。鳥用鳥喙來協助自己吃屬於牠們的特殊食物。

　　不同的鳥腳有不同的作用，有些鳥腳能攀爬，其他鳥腳則能抓握、棲於樹枝、跑步或游泳。

　　你不認為鳥是一種奇特的動物嗎？

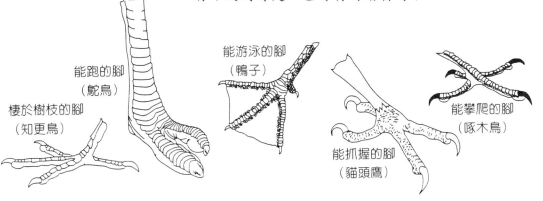

棲於樹枝的腳
（知更鳥）

能跑的腳
（鴕鳥）

能游泳的腳
（鴨子）

能抓握的腳
（貓頭鷹）

能攀爬的腳
（啄木鳥）

觀察羽毛、鳥巢和鳥蛋

相關知識

　　鳥長新羽毛時，老的羽毛就會掉下來——很像我們掉頭髮一般。我在觀察鳥掉下來的羽毛時，沒有遭遇過病菌的問題；不過，**應提醒兒童不要拿死鳥或病鳥的羽毛，因為可能會致病。**可能的話，要協助兒童將死鳥埋起來。死鳥分解後，可使土壤肥沃。（見第46頁，生命週期的重要性。）

▨羽毛

　　經常可在地上發現鳥掉下來的羽毛。當你發現鳥掉下來的羽毛時，可對羽毛加以檢視，並猜猜是什麼鳥掉下來的。將羽毛貼在索引卡上是很容易的（可用膠帶固定）。

▨鳥巢和鳥蛋

　　有時候可以在地上發現鳥巢、破的蛋殼，甚至是完好的蛋。如果你發現了一個完好的蛋，而你也搆得到鳥巢的話，請把鳥蛋放回鳥巢吧！千萬不要把鳥巢從樹上拿下來，因為有些鳥會一再地使用同一個鳥巢，而且把鳥巢從樹上拿下來也是違法的。

《注意》：在美國，採集在野外發現的鳥巢、羽毛和鳥蛋是不合法的。法律規定，如果有人捕殺鳥類以採集羽毛、鳥巢或鳥蛋，是可以起訴這個人的。

肆 ♨ 瀕臨絕種的動物

　　在美國，由於雨林及遼闊樹林的逐漸減少，有些科學家因而擔心許多野生動物也正逐漸消失了，對於這種現象應提高警覺並加以關心。

活動

陷於困境的動物

　　應該要讓兒童了解鳥類及其他野生生物都是珍貴且重要的，及牠們所遭遇的生存問題。

作法：

1. 告訴兒童鳥類及其他野生生物是多麼特殊與重要。

2. 當你聽到有油外漏、樹木被砍倒或水受到污染等會破壞這些野生生物的生存地的事情時，要表示關切。

3. 向兒童解釋，如果動物或植物的生存地遭受破壞，或遭受對其生存或繁殖不利的改變時，牠們就會變成瀕臨絕種的物種。如果某種動物或植物全部都死了，牠們就絕種了。

4. 將雜誌或報紙上所提到因人類所造成的問題而陷入生存困境的鳥類或其他動物的圖片或報導剪下來，放在一個特殊的檔案夾裡。

5. 從電視機、收音機收看及收聽這方面的消息，並告訴兒童這些消息，讓兒童知道你覺得這是重要的。

6. 向兒童解釋絕種的意義。當他們開始了解食物鏈時，見第93頁，他們就會明白每一種生物在大自然的計畫中都是重要的。

　　即使是很小的兒童，也能了解及關心鳥類和其他所有的生物。

伍 肉食鳥

 相關知識

■猛禽是肉食性的鳥類,以較小的動物,包括昆蟲、蜘蛛、魚、爬蟲類動物、其他鳥類及哺乳動物為食。

■猛禽是掠奪者(見第92頁,掠奪者與獵物),藉著狩獵及捕捉獵物(如大大小小的老鼠),牠們可控制這些及其他動物的數目,以免牠們增加太多。牠們以弱小及不健康的動物為食。

■猛禽有很好的視力,如鉤般的嘴可將肉撕裂,強壯且能抓握的腳有大又銳利的爪子可殺死及握住獵物。只有禿鷹的腳是比較無力的。

■禿鷹和兀鷹是大自然的「清道夫」,牠們吃已經死亡的動物(腐肉)。

■貓頭鷹在晚間其他掠奪者都休息時捕捉獵物。

活動

進一步認識肉食鳥

　　老鷹、鵰、獵鷹、禿鷹和貓頭鷹都稱為猛禽或肉食鳥。牠們是迷人的、重要的且經常被誤解的鳥類。所有的猛禽都受到美國各州及聯邦法律的保護,未經特許而傷害或監禁牠們是違法的。

陸　貓頭鷹

有些人會害怕貓頭鷹，有些人則認為貓頭鷹很聰明。研究貓頭鷹的科學家發現，貓頭鷹並不聰明，不過，牠們對人類有益而非有害。

相關知識

◪為什麼貓頭鷹要在夜間飛行呢？因為牠們所捕食的大大小小的老鼠和其他小動物都在夜間活動。

◪貓頭鷹如何視物？貓頭鷹的大眼睛可聚集大量光線，所以在夜間牠們有很好的視力。貓頭鷹無法移動在牠們眼窩中的眼睛，但是牠們能快速地旋轉頭部，幾乎能轉向身體四周。

◪貓頭鷹如何聽聲？注意左圖中耳朵開口所在的位置，右耳開口所在的位置比左耳開口所在的位置高，由於有這種構造，牠們才能聽到高處及低處的聲音。貓頭鷹有很好的聽力，猴面貓頭鷹在非常黑暗的地方可僅憑聽聲音就知道獵物所在的位置。

耳朵開口

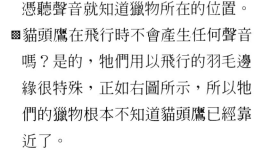

鋸齒狀

◪貓頭鷹在飛行時不會產生任何聲音嗎？是的，牠們用以飛行的羽毛邊緣很特殊，正如右圖所示，所以牠們的獵物根本不知道貓頭鷹已經靠近了。

 貓頭鷹會有什麼排出物呢？貓頭鷹將小型獵物整隻吞
下去，大型獵物則用嘴將其撕裂。幾小時後，不能消
化的骨頭、毛皮和羽毛會被咳出來及吐出來。這些堅
硬的排出物大約有一至二英吋長，可將之弄碎後加以
研究，就可知道貓頭鷹到底吃了些什麼。研究結果顯
示，貓頭鷹吃了許許多多大大小小的老鼠。

活動

■閱讀由 Jane Yolen 所作的《貓頭鷹月亮》（*Owl Moon*
）一書（New York: Philomel Books, 1987）。
■認真去認識貓頭鷹及世上所有奇特的掠奪者。

扮演貓頭鷹

　　兒童喜歡假裝自己是暗夜中一隻停在樹上傾聽及尋
找老鼠為食的飢餓貓頭鷹。訣竅則為閱讀與貓頭鷹有關
的知識，仔細觀察貓頭鷹圖片，然後做貓頭鷹會做的
事。

　　飢餓的貓頭鷹──

■向下望，頭左右轉動（注意，你的眼睛必須凝視前方
）。
■豎起頭，用牠那能聽見高處及低處的聲音的特殊耳朵
傾聽。
■將頭四處轉動，以便看到背後的狀況。我們無法真正
做到這樣，但盡力而為。
■用不會產生聲音的翅膀往下飛（兩手上下擺動）。

▨用銳利的爪子抓住老鼠（假裝你的腳是爪子並往下撲
　　在老鼠身上）。

▨抓著老鼠再飛回樹幹。

▨一口氣將老鼠囫圇吞下（或用嘴將老鼠的肉撕裂，再
　　用來餵小貓頭鷹）。

▨消化老鼠──好吃，好吃──，終於

▨將不能消化的東西吐出來。

你會慶幸你自己是人，而不是一隻貓頭鷹嗎？

柒　蝙蝠

　　許多人都誤解蝙蝠，也害怕蝙蝠，牠們其實是真正
奇特的動物。

　　蝙蝠是唯一真正能飛的哺乳動物（飛似的松鼠其實
只是滑翔而已）。人也是哺乳動物。哺乳動物是胎生、
吃母奶、呼吸空氣、有毛髮和脊骨的溫血動物。事實
上，蝙蝠的骨骼和人類的非常類似。

　　請不要相信蝙蝠是惹人厭的、邪惡的、骯髒的、會
干擾人的，或有狂犬病的。

　　最近的科學研究顯示，蝙蝠是溫和、非常愛乾淨
、很聰明且易於訓練，以及很少傳染給任何人狂犬病
的。

　　蝙蝠也像狗、貓、臭鼬鼠及其他動物一樣會得狂犬
病，但是研究顯示，只有少數的蝙蝠會得狂犬病。罹患

狂犬病的蝙蝠很少會變得具有攻擊性。記住這個規則——如果你看見一隻生病、受傷的蝙蝠或其他野生動物，**不要想去接近牠或抱牠**，與野生動物救援組織聯絡，他們才能協助這些動物。

相關知識

⊠世界上大約有九百種蝙蝠，最小的大約只有一分錢的重量，最大的約有二磅重，翅膀張開時約有六呎長。

⊠蝙蝠是倒懸掛著的。

⊠蝙蝠於夜間進食，對昆蟲的控制很重要。瀕臨絕種的灰蝙蝠可在一個晚上吃下三千隻昆蟲。

⊠蝙蝠的視力不錯，但是在覓食時，蝙蝠通常是發出尖銳的吱吱聲（太尖銳了，我們不適合聽），當聲音碰到昆蟲時會產生回音，再傳回蝙蝠的耳朵。藉著使用這種回音術，蝙蝠可以捕捉到快速飛行中的昆蟲，也可避免撞到電線桿、樹或其他東西。

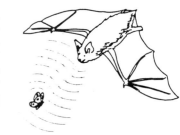

⊠大部分母蝙蝠一年只生產一隻小蝙蝠，蝙蝠寶寶吃母蝙蝠的奶，大部分蝙蝠會住在育幼團中，這些團體彼此都靠得很近。

⊠蝙蝠的天敵包括貓頭鷹，而人類將洞穴入口封閉及在牠們的洞穴裡擾亂牠們，也給蝙蝠帶來問題。許多蝙蝠住在洞穴裡或至少在洞穴裡冬眠。冬眠的動物整個冬天都像是在睡覺一樣，不到處活動。

▨有些蝙蝠是屬於瀕臨絕種的動物，在許多地方所有的蝙蝠都受到法律保護。

▨以水果為食的蝙蝠也是重要的，因為牠們可以到處散播種子；以花蜜為食的蝙蝠則可替樹及植物授粉。

▨蝙蝠的**糞便**是很好的肥料，許多洞穴生物以牠們的糞便為食。

▨寒冷地區的蝙蝠在冬天時都必須冬眠，在牠們進入長長的「睡眠」之前，牠們須先儲存脂肪和能量。不要去打擾蝙蝠。

▨吸血蝙蝠是存在的，不過，牠們不吸人的血！這種蝙蝠只佔所有蝙蝠的少數而已，而且大都生活在南美地區。吸血蝙蝠對南美的畜牧業者而言是個困擾，因為牠們會使牛和馬流血，然後再舔這些動物的血。

　　現在——你還不認為**蝙蝠**是真正奇特和重要的動物嗎？

活動

▨找出更多與蝙蝠有關的知識，包括吸血蝙蝠。圖書館的兒童圖書部會有與蝙蝠有關的有趣圖書，《世界百科全書》也會有幫助。

- 找出你居住的地區有哪種蝙蝠，當地的保育單位及自然資源管理單位會有有用的資訊。

- 到圖書館找看看有沒有與蝙蝠有關的創作性圖書。Bernice Freschet 所作的《一隻棕色小蝙蝠的故事》（*Wufu: The Story of a Little Brown Bat*）一書，是我所找到唯一喜歡的一本。

觀看活動中的蝙蝠

　　觀看蝙蝠的最佳時刻，
是在日落與黑夜之間的
黃昏時刻。到一個有很多
昆蟲的地方。蝙蝠通常是在電燈
四周捕捉昆蟲，或飛越池塘、
湖泊或河流時，我們才會
看到牠們。

　　安靜的坐著或站著，
然後看蝙蝠到處飛來
飛去捕捉牠們的食物。
　　為蝙蝠歡呼吧！

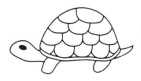 推薦讀物

Barlowe, D., and Barlowe, S. *Who Lives Here?* New York: Random House, 1978.

Carle, Eric. *Brown Bear, Brown Bear, What Do You See?* A Bill Martin, Jr. book. New York: Holt, Rinehart, and Winston, 1967.

Carle, Eric. *Polar Bear, Polar Bear, What Do You Hear?* A Bill Martin, Jr. book. New York: Henry Holt and Company, 1991.

Dr. Seuss. *Horton Hatches the Egg.* New York: Random House, 1940.

Dr. Seuss. *Yertle the Turtle and Other Stories* (including *Gertrude McFuzz*). New York: Random House, 1950.

Eastman, P. D. *The Best Nest.* New York: Random House, 1968.

Freschet, Bernice. *Wufu: The Story of a Little Brown Bat.* New York: G. P. Putnam's Sons, 1975.

Kaplan, Carol. *The Little Red Hen.* St. Louis: Milliken Publishing Company, 1991.

Kaplan, Carol, and Becker, Sandi. *Three Nanny Goats Gruff.* St. Louis: Milliken Publishing Company, 1987.

Kaplan, Carol, and Becker, Sandi. *Three Piggy Opera.* St. Louis: Milliken Publishing Company, 1988.

McCloskey, Robert. *Make Way for Ducklings.* New York: Viking Press, 1969.

Slobodkina, Esphyr. *Caps for Sale*. W. R. Scott, 1947.

Yolen, Jane. *Owl Moon.* New York: Philomel Books, 1987.

牽牛花
種子

蕃茄
種子

第六章

窗臺園藝

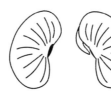

種子圖

蘋果
鮑伯

桃子
瑪莉

楓樹
爸爸

橡樹
媽媽

檸檬
鮑伯

窗臺花園是個神奇的地方，
可以提供美景讓我們觀賞。
兒童對它的喜愛超乎你的想像，
就讓我們來播種、澆水、等待，
並觀看植物發芽成長。

兒童喜歡播種及觀看種子發芽成長。

從  到 ，是一件多麼令人感動
的事啊！

活動

佈置窗臺花園

　　讓兒童摸一摸土和沙，
並進行播種與澆水活動！

材料：

1. 一小袋培養土。

2. 一些沙（或者是從園藝店或五金行買來的蛭石）。

3. 10 盎斯大的透明塑膠玻璃杯。這種玻璃杯可
　 方便我們觀察根部，這是一項很有趣的活動。

 4. 一個舊餐盤或小貓咪睡覺用的盒子。

5. 可鋪在地板上的舊布塊。

6. 可黏性標籤紙及製作標籤的工具。

 7. 花盆或其他容器（如果你想移植的話），見第 119
　 頁，移植活動。

作法（在兒童輪流播種時，成人要在一旁看著，並在必要時提供協助）：

1. 決定要種些什麼種子。（見第 115 頁，種些什麼。）

2. 將可黏性標籤紙黏貼在玻璃杯上作標籤。

| 鮑伯的青豆 | （兒童的名字，種子的名稱） |
| 1993 年 10 月 20 日 | （播種的日期） |

也可在標籤紙上記下所種的種子數，以後你就可以算算看是否所播下的種子都發芽了。

3. 先將布鋪好，再把盤子、土及沙（或蛭石）擺在布中央。（你也可以將土和沙放在盤內的碗裡，以避免撒落滿地。）

4. 然後兒童可以──

- 用手抓三把的土和兩把的沙到盤子內混合。（討論摸起來是否有細細的、粗粗的、乾乾的、濕濕的等感覺。）

- 將土與沙混合後裝入玻璃杯內，要裝至 $\frac{2}{3}$ 杯滿。

- 將幾顆種子放在土上（每顆種子間要保持適當的距離。）

- 在種子上覆蓋更多的土──大約是 0.5 英吋厚。

- 澆入足夠使土壤潮濕的水。（向兒童說明太多的水對植物的幼苗並不好。）

- 將玻璃杯放在向陽的窗臺上，時時探望並耐心等待。

《注意》：成人必須協助兒童決定澆水的頻率及澆水
　　　　　量，使土壤維持潮濕。

種些什麼？

一‧玉米

玉米是生長快速的植物，而且趣味十足。協助兒童從玉米穗上剝下一些玉米粒來種。在種植之前，不要將玉米粒泡水。可爆玉米花的玉米也會發芽。請見第123頁等待種子發芽的單元中所提到的玉米種子。

二‧柳橙、檸檬或葡萄柚的種子

鼓勵兒童將這些柑橘類水果的種子保留下來。揀選飽滿的種子，然後將種子泡在水中二十四小時後再種植。這些種子比玉米種子需要更多的時間才能發芽，但是將會長出美麗的植物來。如果你將它們移植，有一天，你可能會有柑橘類水果樹。☺

三‧扁豆

扁豆也是快速生長的植物，而且也一樣趣味十足。

到食品雜貨店買一袋乾扁豆，享受一下觸摸及檢視這些奇特種子的樂趣。種植扁豆之前，**不要**將扁豆泡水。這些種子會在幾天內就發芽，然後長成有灰綠色葉子的美麗植物。（見第 122 頁窗臺的其他活動這一單元中所提到的扁豆。）

四・青豆

在食品雜貨店乾燥豆子區所購買的青豆通常是很容易發芽的，但最近這些種子常在發芽前就在土裡腐爛了。我懷疑是不是有什麼東西被改變了？他們究竟對這些種子做了些什麼呢？不過，我還是會買一袋乾燥的大青豆來試一試。也可以到賣園藝種子包的地方買一包青豆種子，這些種子一定會發芽，如果你將它們移植到較大一點的盆子，它們甚至會生產更多的青豆（見第 119 頁，移植活動）。爲什麼不試著將在食品雜貨店買到的青豆及青豆種子包內的種子都各種一些，然後比較兩者的差異。第 226 頁的青豆湯，第 123 頁的等待種子發芽及第 120 頁的找出植物的幼苗等單元裡，都有許多與青豆有關的活動。

五・園藝種子包

在春天時買幾包花和蔬菜的種子，然後放到冬天時才播種。（七月初時，未售出的園藝種子包會被許多種

子公司收走，所以不要太慢去買。）在窗臺的花園裡用這些不同的種子來進行實驗。有一年當屋外的天氣還很寒冷時，我們的窗臺上就已經開滿了美麗的牽牛花了。

六‧西瓜、香瓜和南瓜的種子

這些種子應該會發芽，不過，由於它們是屬於在地上蔓生的藤本植物，因此它們會很快就變得細細長長的。或許你可以將它們移植到第 119 頁移植活動中所建議的一些容器裡。

七‧蘋果、桃子和葡萄的種子

我曾經看過書上提到這些種子必須先冷藏三個月，然後才會發芽。

為何不試試這個實驗呢？種一些從新鮮的蘋果剝下來的種子及一些已冷藏幾個月的蘋果種子。用同樣的方式也試一試桃子和葡萄種子，並看看結果會如何！

八‧橡子

要讓橡子發芽可能需要等上一段時間，但是自己動手來栽培小橡樹，再把它移植到花園去，將會非常有趣。為何不試一試呢？

《注意》：用玻璃杯種植植物是有趣、短期的活動，何不考慮將植物幼苗移植到花盆、其他容器或

屋外的花園裡，以延長植物的生命。

活動

種植植物需要土、陽光和水。試一試下列的實驗，看看會有什麼結果，並觀察及記錄你所看到的一切。

▨*陽光的作用*

在三個一模一樣的玻璃杯種下你自己所挑選的種子。當它們全都發芽時，將其中一個玻璃杯放在黑暗的櫥櫃裡，一個放在陽光照不到的地方，另一個玻璃杯則放在向陽的窗臺上。現在觀察並記錄你所看到一切。

（記得每一個玻璃杯都要澆水，以保持土壤潮濕。）

《例子》：三杯於 1993 年 4 月 12 日種植的青豆——實驗於 1993 年 4 月 22 日開始。

日期	窗臺	櫥櫃	陰暗處
4 月 29 日	健壯的，4 英吋高	顏色淡淡的，未發芽	向有光線的地方伸展
5 月 10 日	繼續生長	死掉了	葉子小小的
5 月 20 日	8 英吋高		顏色看起來淡淡的

經由觀察與記錄，你可以學習很多！也許你會想要在你的科學記事本作記錄。（見第 6 頁）

▨*水的作用*

在兩個一模一樣的玻璃杯種下種子，將這兩個玻璃

杯都放在窗臺上。玻璃杯內要保持潮濕，一直到種子發芽為止。在種子發芽之後，只給一個玻璃杯澆水，另一個玻璃杯則不供給水份。觀察及記錄你所看到的一切。

◾土的作用

移植一棵健壯的青豆幼苗，請見下面的移植活動。

將青豆種在土中及種在第 123 頁等待種子發芽中所使用的玻璃瓶內，比較這兩種不同的種植方式，青豆植物的生長情形。觀察並記錄你所看到一切。

運用你的想像力！試試你所想到的實驗，將圖及記錄保留下來。

移植活動

將塑膠杯（見第 113 頁）內已發芽的小植物移植到較大的容器，讓它們能活得更久是很有趣的。有時這些被移植的植物會開花，甚至長出水果或蔬菜。我們教室裡有豆類植物生產的新豆子，也有美麗的牽牛花盛開著。（在春天和夏天時，你可以直接移植到院子裡。）

材料：

四英吋大的陶土花盆或牛奶、軟乾酪、優酪乳的容器（塑膠盒或塗有蠟的紙盒皆可）。這些容器都是防水的，所以是種植植物很好的容器。

作法：

將任何尺寸的牛奶盒或牛奶罐從中切開，並把它當作是塑膠或上了蠟的容器來使用。將排水用的石塊或陶土花盆的小碎塊放在陶土花盆的

中央。將培養土及蛭石或含沙的土（見第 113 頁）倒入
花盆內，然後將植物幼苗移植到這些較大的容器來。也
可直接將種子種在這些容器裡。

《注意》：不要澆過量的水，只要讓土壤保持潮濕就好
　　　　　了。

　　你想要再弄漂亮一點嗎？在種植之前，你可能會想
要用包裝紙、碎布、華麗的絲巾或其他裝飾用的東西來
裝飾花盆，使它有個美麗、迷人的外觀。你甚至可在半
加侖大上過蠟的牛奶盒上剪出一個窗戶來，再襯上透明
的塑膠包裝紙，並用膠帶固定。這樣的佈置或許可讓你
看到根呢！

　　用較大的容器來做墊盤，或使用小餐盤做墊盤，以
免弄髒窗台。

  找出植物的幼苗

作法：

1. 使用一些你買的乾燥的大青豆來種植。

2. 讓每個人先摸一摸這些乾燥的青豆，並注意其堅硬的
   外皮及大小的差異。

3. 將一些青豆泡於水中一夜。要泡足夠的青豆，讓每個
   人都可以分到五顆以上。由於外皮吸收了許多冷水，
   所以它們會脹得很大。

4. 第二天將水倒掉，大家圍著桌子坐下，檢視這些泡過
   水的豆子。

5. 發給每個人至少一顆乾豆子及一些泡過水的豆子。

6. 討論泡過水的豆子比原來的大了多少。注意此時堅硬的外皮變軟了。

7. 現在每個人可以用指甲輕輕地摳一摳外皮，並將外皮剝開，再輕輕地將外皮剝掉。

8. 如果你輕輕地將豆子弄開，豆子將會分成兩片。

9. 現在找一找藏在裡面的植物幼苗，稱為**胚芽**。有些胚芽會在比較下面的位置，所以繼續分開豆子直到每個人都找到了胚芽為止。

 10. 兒童會很高興學習胚芽這個詞。這些豆子可用來做豆子湯！（見第 226 頁）

向陽窗臺的其他活動

▨*文字造型園藝*

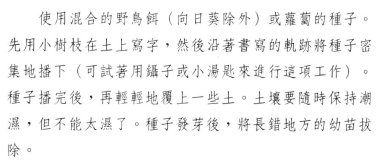

　　將種子依照文字的形狀來播種也很有趣。

作法：

　　使用混合的野鳥餌（向日葵除外）或蘿蔔的種子。先用小樹枝在土上寫字，然後沿著書寫的軌跡將種子密集地播下（可試著用鑷子或小湯匙來進行這項工作）。種子播完後，再輕輕地覆上一些土。土壤要隨時保持潮濕，但不能太濕了。種子發芽後，將長錯地方的幼苗拔除。

　　提示：這個活動對幼兒而言太困難了，因為要沿著書寫的軌跡播種需要一些技巧。幼兒會喜歡種植鳥餌及蘿蔔的種子，也會喜歡用鑷子夾起種子，將種子隨意地或按照他們所想的方式種到土裡去。

▨*扁豆發芽*

這是一項很好的活動，你也會有東西可以吃！

作法：

抓一把扁豆放在淺盤裡，再注入水，直到水蓋滿盤底為止。扁豆**不會**浮在水面上。將盤子放在向陽的窗臺，每天都要記得澆足夠的水，讓扁豆隨時保持潮濕，噴霧器就很好用。好好地觀賞扁豆發芽！如果你喜歡，你可以把這些芽菜和軟軟的種子作成沙拉來吃。

▨*有趣的甘薯*

甘薯會長出非常可愛且拖得長長的藤蔓，將它做點整理，讓它能沿著窗框生長，大約可以維持十八個月之久。甘薯的藤蔓能活得這麼久，是因為有甘薯作養料之故。第 123 頁等待種子發芽中所使用的玉米及青豆無法活這麼久（除非移植到土裡去），是因為它們儲藏在青豆和玉米內的養料來源很小。種植甘薯常是一項不會失敗的計畫；不過，由於甘薯有時會被噴灑發芽抑制劑，所以要小心地按照指引去做，以便有成功的機會。

作法：

1. 挑選一個胖胖的甘薯（或者也可以挑選二、三個開始）。

2. 如果可能的話，就挑選一個在頂端已有紫色小芽的甘薯。甘薯的頂端有時會有一群小「芽眼」圍繞著。

3. 用溫水和海棉將甘薯洗乾淨，再擦乾，然後將甘薯放在一個全暗的地方三天。

4. 在甘薯的頂部與底部之間的中間位置插入三根牙籤，再將甘薯放入廣口玻璃瓶裡，讓甘薯的下半部可以浸

在水中，牙籤則剛好架在廣口玻璃瓶的邊緣上，支撐著甘薯。

5. 將你的未來植物放在有光線但光線又不會太強的窗臺上，直到它開始發芽。要記得經常替廣口玻璃瓶加水及換水。

6. 將甘薯放在靠近向陽窗臺的地方，葉子才能得到一些陽光。好好欣賞美麗蔓延的甘薯藤蔓。也可將它懸掛在向陽窗戶附近。

▓等待種子發芽──觀察與欣賞

1. 將一張白色的吸墨紙或折疊的白色厚紙巾弄濕。

2. 將它鋪在透明玻璃瓶的內壁上。（玻璃瓶最好是約 4.5 英吋高 × 3.5 英吋寬，但只要是廣口瓶都可以。）園藝種子包內的青豆種子可能會比食品雜貨店所賣的乾燥豆子長得更好。

3. 小心地將一些乾燥的大青豆及玉米種子放在紙與玻璃壁之間。記得將一些種子倒著放，你就可以觀察會有什麼現象發生。

4. 放一些沙到瓶內，以固定紙和種子。沙要保持潮濕。

5. 蓋上瓶蓋，並將瓶子放在窗臺上，讓有豆子及玉米種子的那面向著陽光。

6. 等待發芽，但也可能會發霉。

7. 如果你看到發霉了，請查閱**發霉**一詞，並了解它的意思。

8. 開始發芽之後，就將瓶蓋打開，不用再蓋蓋子了。

9. 沙和紙要保持潮濕，並看看植物可以長得多高。種子內的養料用完之後，植物就無法長得很好了。將這些

種子的生長情形與種在土壤中種子的生長情形作個比較。在你的科學記事本上作筆記。

▨根菜園藝

1. 將一些根菜類蔬菜的頂部切下（約 $\frac{3}{4}$ 英吋高）。（我知道胡蘿蔔和蕪菁很漂亮，但是也可試試別種蔬菜。）

2. 將它放在淺盤裡，盤內注入約 $\frac{1}{4}$ 深的水。

3. 每天加水，盤子才不會乾了。

4. 欣賞這些植物所長出來的漂亮葉子。

▨卡紙上的胡蘿蔔

1. 挑選一根好的、胖胖的胡蘿蔔。

2. 將胡蘿蔔用膠帶牢靠地貼在一張厚硬的卡紙上。

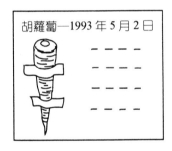

3. 黏貼時，卡紙要留一點位置以便寫上兒童對各種改變的看法。

4. 沿著胡蘿蔔的邊緣將胡蘿蔔的外形描繪下來，每個人才能記得胡蘿蔔原來的大小。

5. 將胡蘿蔔掛在牆上，觀察它的改變。

6. 討論大小、顏色、氣味及觸感的改變，並試著找出胡蘿蔔有這麼多改變的原因。

■■製作種子圖

　　尋找各種不同的種子，並將這些種子黏貼在任意尺寸厚硬的卡紙上，你或者兒童再將種子的名字及發現種子的人的名字寫在種子的旁邊。比較大的種子（如桃子）要用膠帶黏貼，不知種子的名字時，則在種子旁打個「？」。

種子圖

蘋果　鮑伯
桃子　瑪莉
楓樹　爸爸
橡樹　媽媽
檸檬　鮑伯

■■找出我們可以吃的種子及植物的其他部位

　　兒童可能不了解人會吃植物的——

種子：蠶豆、豌豆、玉米
根：胡蘿蔔、蘿蔔、甜菜
莖：芹菜、蘆筍
葉：萵苣、包心菜、菠菜
果實：蘋果、柳橙、梨子

到產地去參觀，並且購買——

1. 豆莢及菜豆，讓兒童將它們剝開，並嚐嚐它們的味道。

2. 爆玉米花的玉米（還在玉米穗上），讓兒童剝下玉米粒、爆玉米花及吃爆玉米花。

3. 草莓（有種子在外面的）及其他水果，讓每個人將水果切成小塊（用餐刀），做成水果沙拉。

4.長在地底下的根菜類蔬菜——胡蘿蔔、甜菜、蕪菁。舉行一個品嚐派對，也許可佐以好吃的沾料，並將這些蔬菜的頂部保留下來。（見第 124 頁，根菜園藝。）

■發芽菜！營養及美味

材料：

1.一品脫大、有「拉鍊」的塑膠袋子。

2.扭轉式的繫繩。

3.粗粗大大的針。

4.二湯匙苜蓿種子——到健康食品店購買。

作法：

1.用針在袋子的底部縫合處及袋子下部側面上至少鑽十個洞。

2.在袋子接近頂部的位置用針鑽一個洞，將扭轉式的繫繩穿入。（要排出袋內的水時，可用來掛在水槽的水龍頭上。）

3.請兒童量二湯匙的苜蓿種子，並將種子放入袋內。

4.將袋子的拉鍊拉上，然後將袋子放在裝有水的碗裡，讓種子泡在水裡一夜。

5.第二天，將袋內的水份排出，再將袋子放在有光線的地方——但是不要放在陽光直射的地方。

6.再過三、四天，打開袋子澆一點水，將種子沖洗一下，然後再將水排出，並將袋子放回原處。

7.最後一天時，將種子放在陽光直射的地方，讓苜蓿芽轉綠。

8.連袋子一起放入冰箱。

9.好好地品嚐一番。

 推薦讀物

Gage, Wilson. *Mrs. Gaddy and the Fast-Growing Vine*. New York: Greenwillow Books, 1985.

Gibbons, Gail. *Farming*. New York: Holiday House, 1988.

King, Elizabeth. *The Pumpkin Patch*. New York: Dutton Children's Books, 1990.

Krauss, Ruth. *The Carrot Seed*. New York: Harper & Row, 1945.

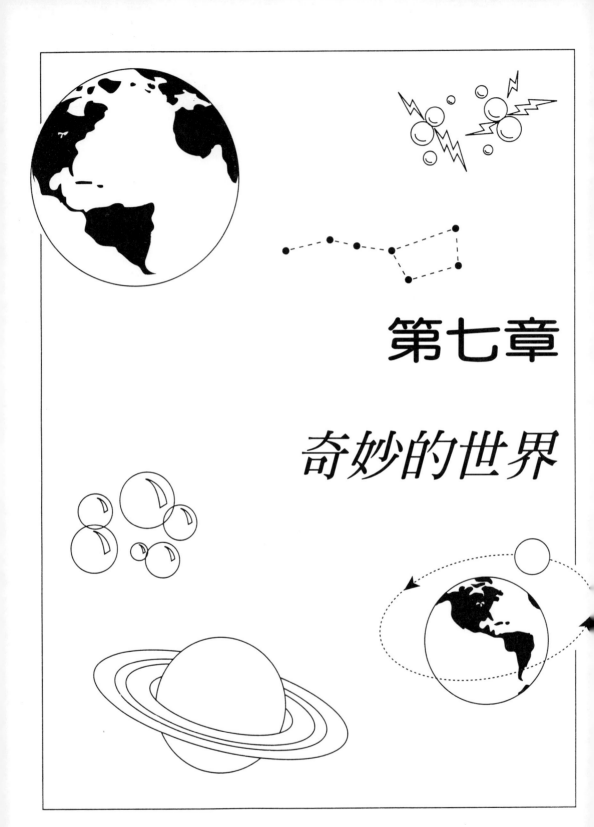

第七章

奇妙的世界

　　這個世界有水有天，多麼奇妙。

　　到處都有奇蹟，我們不禁要問：「為什麼？」

　　兒童對他們周圍的世界常充滿疑問。

　　為什麼天空是藍的？為什麼會下雪？為什麼我們無法每天都看到彩虹？為什麼？為什麼？為什麼？

　　就讓我們試著來了解：地球是什麼模樣？天空裡有些什麼？為什麼水這麼美妙？

壹 太陽系

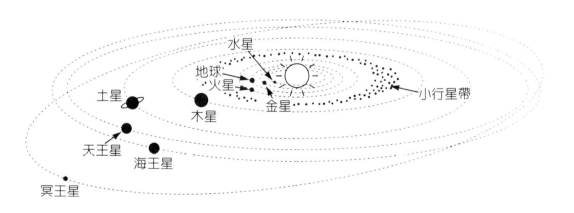

　　地球是繞著太陽運行的九大行星之一。繞著太陽運行的九大行星及其他天體構成了太陽系。（見第 136 頁，用麵糰製作行星。）

一·恆星

【相關知識】

■太陽是一顆龐大的恆星。恆星是由熾熱的氣體所構成，這些氣體會燃燒並散發熱與光。行星則無法自行產生熱與光。

■**太陽很亮，所以我們要記得千萬不要直視它，否則眼睛會受傷。**

■地球從太陽那裡獲得光、熱和能量。

■太陽非常大，因此若要填滿太陽的內部，則需要一百萬個以上的地球才可以辦得到。（見第 134 頁太陽有多大這個單元裡的活動。）

■有些恆星比太陽還要大和明亮。

■有些恆星看起來很小，那是因為它們離地球很遠的緣故。如果我們能在近處觀看它們，我們將可看到恆星有各式各樣的大小和顏色（紅、黃、白和藍），而且有些恆星比其他恆星亮。

■恆星看起來好像在閃爍，那是因為它們所發的光穿過移動的空氣層所形成的。

■恆星其實一直亮著，但是我們只能在晚上看到它們，這是因為白天時，太陽光比其他恆星的光來得亮。

■流星並非是真的恆星！它通常只是一塊來自小行星帶的岩石或金屬（見第 131 頁的圖片）。它在快速掉入我們的空中時會開始燃燒，看起來就像是一道光芒。

■科學家稱流星為隕星，掉到地上的隕星就稱為隕石。

■隕石大都如壘球一般大小，有的則更小，但是也有少數隕石比十層樓的建築物還大。巨大的隕石撞擊地面時，會碎成小碎塊，地上也會出現大坑洞。

活動

觀星

　　躺在毯子上觀看星星，在同一個晚上看它們在傍晚到深夜之間會如何移動。星星會移動，但是它們的移動並不是我們的眼睛可以輕易看得出來的。由於地球的移動，因此在短短的時間內，我們就會覺得星星所在的位置有所不同了。

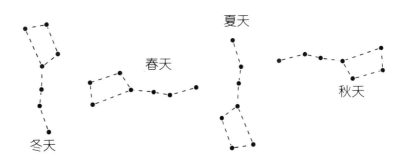

　　注意一下北斗七星，我們總是可以看到它們，但是它們在天空的位置好像是會改變。

　　借或買一本觀星的基本圖書，例如《美好自然系列指引》中的星星這一單元。

太陽有多大？

材料：

1. 一個球形碗或一個你可以割個洞的舊球。

2. 一袋乾燥的小豆子。

作法：

1. 首先，要記得我們的太陽很大，需要一百萬個以上的地球才能填滿它的內部。

2. 假裝你的球狀物與太陽一樣大，而每一粒乾豆子就與地球一般大。

3. 每次丟一粒豆子（地球）到虛擬的太陽裡時要記得計數。你不用真的數到一百萬，但是這項活動可以協助每個人了解太陽比地球大了許多，而且也是一項很好的計數練習活動！

二·萬有引力

太陽有一種很特殊的力量稱為萬有引力，可使行星繞著它移動，不會漂浮在宇宙中。地球也有萬有引力，地球的萬有引力能將所有的物體都往地球的中心拉。其他行星也有萬有引力──較大的行星通常有較大的萬有引力，而較小的行星其萬有引力則較小。

活動

萬有引力遊戲

兒童喜歡盡力地往上跳躍，將小石頭、球和葉子從高

處往下丟，從滑梯上滑下來和盪鞦韆。萬有引力會使
我們停止擺盪（除非我們使力擺動），因為它會把我
們及所有的物體拉回地面。

▨將手往前平舉，看看你和兒童能支撐多久。向兒童解
釋萬有引力的拉力會使我們覺得疲勞。

▨看看兒童知不知道為什麼他們不能跳得更高一些。
（萬有引力會將我們往下拉。）

▨讓兒童了解如果沒有萬有引力，這個世界將會是一個
很不一樣的地方。

三‧行星

四個內行星

📖相關知識

▨所有行星依某種圓形（橢圓）路徑（稱為軌道）繞著
太陽移動。

▨地球是已知中唯一有生物的行星。

▨水星是最靠近太陽的行星，接著依序是金星、地球、
火星、木星、土星、天王星、海王星和冥王星。

▨四個內行星（水星、金星、地球和火星）是堅硬且多
岩石的。

▨小行星（一大片環繞在太陽的軌道上的岩石和金屬）
位於四個內行星與五個外行星之間，科學家稱這位於
第四個與第五個行星之間的區域為小行星帶。（見第
132頁與流星有關的知識。）

■火星看起來是紅色的，因為它的土壤中有銹鐵之故。

■木星是最大的行星，在太陽系中，只有太陽比木星大。

土星

■土星是第二大行星。土星上很冷，而且有三道環狀物圍繞著它，這些環狀物有可能是冰晶。其他有一些行星也有環狀物。

木星

■冥王星是最小的行星。

　　為了了解更多的相關知識，可到圖書館借閱或購買一本由Joanna Cole所作的《遺忘在太陽系的神奇校車》（*The Magic School Bus Lost in the Solar System*）一書（New York: Scholastic Inc.），這是深入了解太陽系的一個有趣的方法。

活動

用麵糰製作行星

　　即使是幼兒，也會喜歡在硬卡紙上製作太陽系。

材料：

1. 硬卡紙圈（冷凍披薩通常是裝在卡紙圈裡）。

2. 揉成球狀的麵糰（第230頁有製作麵糰的材料和作法），用以代表太陽和行星。

3. 藍色蠟筆或彩色筆（如果你想將「天空」漆成藍色的）。

4. 蛋彩畫顏料（可有可無），為太陽及行星上色用。

5. 小鵝卵石（用以代表小行星）。

6. 黏膠。

作法：

1. 如果你想將卡紙漆成藍色的，那麼就必須先完成。

2. 告訴兒童他們需要用麵糰做一個高爾夫球般大小的球，這代表太陽，另外做九個小一點且大小不同的球，這些球分別代表九大行星。有些兒童可能會想要做出與實際比例相符的球來，但有些兒童只要好玩就好了，並不會在意大小的問題。這應該讓兒童自己作選擇。如果你決定要為這些球上色，就要等顏料完全乾了之後，才可以將它們黏貼在卡紙上。如果是用鵝卵石來代表小行星，你可以為它們上色，或是保持原狀都可以。

3. 使用大滴狀的黏膠將太陽及每個行星黏貼在卡紙上。

4. 提醒負責黏貼小行星的兒童，在太陽後第四個行星（火星）黏貼好之後，要記得將鵝卵石繞著太陽黏貼。

5. 留下足夠的時間讓黏膠變乾。

　　兒童會很喜歡展示他們自己所完成的太陽系，並與成人分享他們剛剛學到的新知識！

貳 月球

相關知識

▨太陽系中有些行星有許多衛星（土星至少有十七個衛星），但是地球只有一個衛星——月球。

▨月球上沒有空氣，沒有水，也無生物生存的跡象。

▨月球的表面為岩石和沙，以及許多於百萬年前遭受隕石撞擊時所形成的大坑洞（碗狀的洞）（見第 133頁）。

▨月球的萬有引力比地球的小，人在月球上時，會覺得自己很輕，可以跳得很高，能高舉很重的東西，也能攜帶很重的東西。

▨月球在白天很熱，在晚上則很冷。

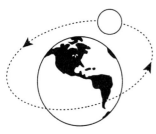

▨月球繞著地球運行，就好像地球繞著太陽運行一樣。

▨月球繞地球一圈需一個月的時間。

▨月球無法自行發光，所以我們所看到的月光，其實是太陽照射月球後反射的結果，就像光照到鏡子後反射的現象一樣。

▨月球看似會改變形狀。當月球移到地球與太陽之間時，我們看不到月球，這就是所謂的新月。當月球繞著太陽運行時，整個圓圓的月球總是在天空中，但是有時我們只看到部分而已，月球的其他部分被地球的影子遮住了。每個人都喜歡滿月。

　　我建議你去借或買一本由 Franklyn M. Branley 所寫的《千變萬化的月亮》（*The Moon Seems to Change*）（Crowell, 1987），書中有趣的說明及簡單的內容，能使我們容易及愉快地了解月亮的變化。

活動

在月光下散步

　　在滿月時到一個非常暗的地方散步，你會驚訝月光的強度，你根本不需要手電筒。

賞月

　　觀賞月亮並注意其形狀的變化是很有趣的。

新月　　月牙　　上弦月　　滿月　　下弦月　　月牙　　新月

想像至月球一遊

　　兒童喜歡聽有關太空人及其月球之旅的事情！在 1969 年 7 月 20 日那天，人類乘阿波羅 11 號太空船第一次登陸月球，美國總共登陸月球六次，這是第一次，最後一次則是在 1972 年時。

你需要：

扮演的能力及愉快地假裝自己正在進行月球之旅。

作法：

1. 告訴兒童月球是什麼模樣（見第 138 頁的相關知識）。

2. 穿上你的太空衣，將自己固定在太空船裡（太空中沒有萬有引力，所以如果你沒有將自己固定好，你就會到處漂浮。）

3. 準備發射，每個人倒數計時，10，9，8，7，6，5，4，3，2，1，0，發射！

4. 從太空船裡欣賞地球的美麗風光、拍照、將食物及飲料擠入你的嘴巴、轉動儀表板上的儀表、到太空去漫步一番。（要記得用粗一點的繩子綁在皮帶上，免得在太空中到處漂浮。）

5. 抵達月球時，檢查一下氧氣筒，將掛有國旗的旗桿插在岩狀的土裡，讓自己跳上跳下，假裝自己可以跳得很高，撿起重重的岩石，並挑撿一些岩石帶回家。

6. 到處走走並仔細看一看，看看是否有水或生物生存；拍攝多一點照片，然後進入太空船準備回家。

7. 檢查各項工作是否準備就緒，可以登陸了。有三個大降落傘將會打開，讓你和緩地飄向大海。直昇機會來載你至附近的船上。安全返家了！真是一次既驚險又奇妙的經驗啊！ ☺

參　白天與晚上

地球自轉形成晝夜交替。地球為球狀，當它繞著太陽轉動時，自己本身也會旋轉。當你所在的地方轉離太陽時，你就處於夜晚之中；而當它再轉向太陽時，白天就來臨了。

地球自轉一圈需要二十四小時之久。

活動

親眼目睹晝夜的變化

材料：

1. 一支手電筒（假裝它是太陽）。

2. 一個蘋果（在蘋果上插入一隻鉛筆，當你要旋轉蘋果時，就可以把鉛筆當把手）。

3. 大頭針及圖釘各一個（或兩種不同顏色的圖釘或大頭針）。

作法：

1. 告訴兒童我們的地球是由西向東轉動的（反時針方向）。

2. 假裝蘋果是我們的地球，而手電筒則是太陽。

3. 將大頭針插在虛擬的地球上你所居住的地方。

4. 將圖釘釘在「地球」另一面與你的居住地相對的地方。

5. 讓室內的光線變暗，然後打開手電筒這一虛擬的太

陽。「太陽」不會移動，所以請人幫忙將手電筒固定在一個地方。

6.開始緩慢地依反時針的方向轉動「地球」，讓每個人都可以看到為什麼我們有晝夜的變化。注意太陽將升起時的清晨及太陽將下山時的黃昏。

《注意》：太陽並不會真的升起或降落，**是地球在轉動，而不是太陽！**

7.住在地球另一面的人現在若是在晚上，我們就在白天，如果他們是在白天，我們就是在晚上！

《注意》：一天有二十四小時，這正是地球自轉一圈所需要的時間。

肆 四季

相關知識 ◙地球繞著太陽運行時會自轉。

◙地球繞著太陽運行一圈需要一年（365天）的時間。

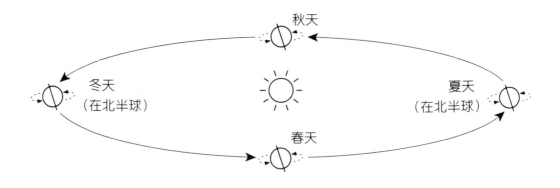

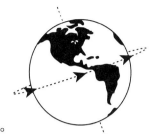

▨地球自轉時，**轉軸**（一條穿透地球連接兩極的虛擬線）是傾斜且由西向東轉（反時針方向）的。

▨地球的「斜度」一直維持固定。

▨當我們所居住的地方偏向太陽時，白天的時間就較長，我們也有較多直射的陽光，這個季節就是**夏季**。

▨當我們所居住的地方偏離太陽時，白天的時間就會較短，我們有較少直射的陽光，這個季節就是**冬季**。

▨**春季和秋季**是介於夏季和冬季之間一段怡人的季節。

活動

地球如何繞著太陽轉動

材料：

1. 一個葡萄柚當太陽。

2. 一個蘇打瓶或花瓶以撐住「太陽」。

3. 一個蘋果當地球（插入一隻鉛筆作為把手）。

作法：

　　在你移動蘋果地球繞著葡萄柚太陽運行時，要一邊依反時針方向轉動蘋果地球。

月球如何繞著地球運轉

　　玩過這個遊戲之後，你將會永遠記得月球繞著地球轉動，而地球則繞著太陽轉動。

材料：

1. 一個高爾夫球當月球（在球上插一隻大頭針，當你要

旋轉球時，它可作為把手）。

2. 一個葡萄柚當太陽。

3. 一個蘋果當地球。

4. 條狀的彩色皺紋紙當作「星星」（可有可無）。

作法：

1. 讓一個人拿著葡萄柚太陽，這個人要一直站著。

2. 讓另一個人拿著蘋果地球繞著「太陽」走，在他繞著太陽走的同時，他自己本身也要緩慢地依反時針方向轉動。

3. 再請一個人拿著高爾夫球月球繞著「地球」走，在他繞著地球走的同時，他自己本身也要緩慢地依反時針方向旋轉。

　　如果有更多的兒童在場，他們可以坐成一圈，搖動手中條狀的彩色皺紋紙，假裝是閃閃發光的星星。

　　你也可以再增加八個人來繞著太陽移動，當作是其他星球，此時你就可看到完整的太陽系了。（不要忘了小行星帶！）可不要眼花撩亂喔！

伍 空氣

　　地球被一層空氣包圍，這層空氣就是所謂的大氣。空氣中有許多不同的氣體，**氧氣**是其中一種，是人和其他動物生存所必需的氣體。另外還有一種二氧化碳，這種氣體則是植物生存所必需的（見第 29 頁）。

相關知識

▨我們無法看到、嚐到或聞到新鮮的空氣，但是我們卻不能沒有它！

▨天上的空氣顏色似乎變化多端，這是因為太陽光是多種色光混合而成的（見第 165 頁，彩虹）。**晴朗的天空看起來是藍色的**，這是因為只有藍光透出來讓我們看到。日出及日落時，天空看起來是紅色的，這是因為這些時候的紅光最多。一天中的這些時候，雲和灰塵也可能有美麗的顏色。太空人說在地球大氣上面的外太空，天空是黑色的。

▨空氣是流動的，而暖空氣比冷空氣輕，所以它會往上升。氣壓的改變會造成風。溫和的風稱為微風，強烈的風則稱之為**颶風**。

▨空氣有重量，但是除非風向著我們吹，否則我們感覺不到。

▨地球的萬有引力讓空氣停留在一定的地方（見第 134 頁，萬有引力）。

▨空氣（名為**臭氧**的大氣層）就像一張大毯子，可保護我們免於受到太陽紫外線的傷害，並讓暖空氣日夜都能停留在地球附近。

活動

認識空氣

▩真真實實的空氣

材料：

1.一個盛了 $\frac{2}{3}$ 滿水的透明容器。

2.一張餐巾紙或紙手巾。

3.一個小的玻璃果汁瓶。

作法：

　　將餐巾紙或面紙裝入透明的玻璃果汁瓶。把玻璃瓶翻轉過來，並迅速將它直直地插入盛有水的容器內，再快速直直地把它拿出來。面紙或餐巾紙仍是乾的，因為空氣會阻止水進入玻璃瓶內。再將玻璃瓶垂直放入水中，然後將它斜向一邊，注意會有氣泡跑出來。此時空氣跑掉了，玻璃瓶內就有空間可以讓水進去，面紙或餐巾紙就會濕了。

▩空氣含有水份

材料：

1.水。

2.某個人的手指。

3.小黑板。

作法：

　　徵求某個人將手指插入一碗水中，問他：「如果不要用擦的，要如何才能將手指弄乾？」用吹的或者甩一甩，可讓水進入空氣中。也可看看黑板變乾的過程以觀察水份的消失。告訴兒童他們手指上及黑板上的水已經

蒸發了（見第 156 頁對蒸發的說明）。

▨空氣會佔據空間

材料：

　　一個汽球、小塑膠袋或是小紙袋。

作法：

　　吹氣入汽球、小塑膠袋或小紙袋中，兒童將可以「**看到**」及「**感受到**」被包住的空氣，並了解空氣會佔據空間。當空氣從汽球中跑出來時，他們也可以感受到它的存在。

▨燃燒需要空氣中的氧

材料：

1. 兩枝生日蠟燭。

2. 用麵糰作成的燭台及球各兩個。

3. 兩張索引卡。

4. 一個透明的玻璃罐。

5. 一個捲筒衛生紙或捲筒紙巾的捲軸。

　　要讓兒童了解只有成人或年長的兒童才可以進行這項活動。

作法：

1. 將兩個麵糰球分別黏在兩張索引卡上（見第 230 頁的麵糰）。

2. 將兩枝蠟燭分別放在兩個燭台上，再把燭台放在麵糰球上，麵糰球可固定燭台。

3. 點燃蠟燭（**成人的工作**）。

4. 用一個透明的玻璃罐蓋住一枝燃燒中的蠟燭，另一枝

燃燒中的蠟燭則蓋以捲筒紙巾的捲軸。

5. 注意觀察會有什麼變化。當蠟燭用盡玻璃罐中的氧氣之後，它就熄滅了。

6. 被玻璃罐蓋住的蠟燭熄滅後，小心地取走紙巾捲軸，結果這枝蠟燭仍在燃燒，為什麼呢？

7. 告訴兒童人呼吸時所產生的二氧化碳可熄滅另一枝蠟燭，兒童可幫忙將蠟燭吹熄！

▨有趣的吹畫

材料：

1. 醫用滴管（見第 171 頁的註解）。

2. 各種蛋彩畫的顏料。

3. 吸管。

4. 紙張。

作法：

兒童或成人先用滴管將各種蛋彩畫的顏料滴在紙張上，然後再透過吸管吹氣將顏料滴吹出圖樣來，二氧化碳（人所呼出的氣體）可協助我們製作出一張有趣的圖畫來。

▨空氣是一種力

了解空氣如何協助我們利用吸管喝水。

材料：

1. 裝有半杯水的玻璃杯。

2. 每個人一根吸管。

作法：

1. 將吸管插入水中。

2. 將吸管內的空氣往上吸。當你將空氣往上吸時，會有

更多的空氣將玻璃杯中的水往下壓，這有助於吸管中的水上升！空氣是一種力。

說明空氣的力量可使帆船在水中移動，讓笛子發出聲音，使腳踏車的打氣筒及吸塵器運轉，讓直昇機轉動，使飛機飛上天，以及其他許許多多的功用。

🔳吹泡泡

將空氣圍在液狀球內就會形成泡泡，吹泡泡是一項很有趣的活動。

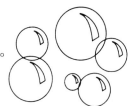

材料：

1. 每個人一杯水及一根吸管。

2. 在每杯水都加入幾滴洗碗精。

3. 淺盤或派盤。

4. 一個馬口鐵罐，將罐子兩邊的底部去除（**確定罐子上已無銳利之處**）。

作法：

1. 從吸管吹氣，使水產生泡泡。

2. 加一點肥皂並製造更多的泡泡。

3. 將肥皂水倒入淺盤或派盤中，把吸管插入水中，然後從吸管慢慢地吹氣。

4. 用濕手指觸摸大泡泡，然後再用乾手指觸摸。你是否發現泡泡碰到乾的東西較容易碎掉（較容易破）呢？

5. 尋找泡泡中的色彩。

6. 將馬口鐵罐放入肥皂水中再拿起來，罐子沾水的那端會有一層肥皂膜。從罐子的另一端慢慢地吹氣，就會產生一個大泡泡。是不是很有趣呢？

陸  水──我們不能沒有它

　　地球是太陽系中唯一有水的星球。地球的表面有將近 70 ％的地方被水覆蓋，但只有 3 ％是淡水。大部分的淡水積存在冰山和冰川裡。對於我們日常生活中必須用到的淡水，我們應加以妥善的照料。

一・水文循環

　　你知道我們現在使用的水與恐龍用的一樣嗎？在水文循環中，水一再被使用：

1. 太陽會使湖水、河水及海水變熱。
2. 熱的水會變成水蒸汽飄在空中，這種現象稱之爲蒸發。

3.水蒸汽上升後變冷並凝聚成雲。

4.有時雲中的水蒸汽太多了，就會再轉變成水，並從雲中落下為雨，有時則是轉變為不同形式的冰。這種永不休止的循環稱之為水文循環。（不要忘記假扮成雨，見第 153 頁。）

二‧雲

雲是由無數飄在空中的小水滴或冰晶凝聚而成，一朵雲常含有數兆個冰晶（見前述的水文循環）。

雲的型態

成為一個觀雲者，你將可看到許許多多不同種類的雲，下列即是一些常見的形狀：

卷狀雲：在其他雲的上方可發現這種由冰晶形成的薄薄、稀疏的白色卷狀雲。

卷狀雲

積狀雲

積狀雲：白色、蓬鬆就如同一團棉花，在春天或夏天時最容易看得到。

層狀雲：在天空的低處可發現這種薄薄、灰色的雲層。

層狀雲

亂層雲：常會帶來雨水的長長、扁平的暗灰色的雲。

亂層雲

每天都看一看天空，看看會有什麼不同的景致變化是很有趣的（見第 15 頁，瞭望天空）。

雲有時會帶來潮濕的天氣。

三‧雨

當雲中的小水滴凝聚
在一起或大的冰晶融化時
，就會形成雨滴。

一滴雨必須含有一千
個小滴，其重量才足以降
至地面。

四‧來自天空的冰

雪：華式 32 度是水的冰點，大約在這個溫度時，雲
中的冰晶會落下，這就是雪。每一片雪花都有其獨特的
形狀，但所有的雪花都有六個角。

雨雪：雨水在到達地面前若碰到極冷的空氣而結凍
時，此時降下的就是雨雪。

冰雨：雨水碰到冷的東西而結冰時，就稱為冰雨。

冰雹：冰雹一開始其實只是一片灰塵或污物而已。
冰晶在雲層裡上下滾動時，就會變成冰雹——
會變成原來的二十五倍大！水會凍黏在雲層
裡的冰晶上。如果你將一塊冰雹切開，它看
起來就像這樣。

有時冰雹會變得像高爾夫球、棒球和葡萄柚那樣
大！要當心冰雹打到你的車子或你的頭！

活動

假扮成雨

　　兒童喜歡假裝自己是掉落在水坑裡的水滴，蒸發至天上，冷卻並與其他水滴聚成一朵雲，然後再變成雨、雪、雨雪或冰雹落至地面。也許你的「雨」會落在花園裡。

人造雨

這是屬於成人的活動。

材料：

1. 一把水壺。

2. 一片熱金屬板或一個烹調用的爐子。

3. 一把長柄深鍋及冰塊。

作法：

1. 向兒童說明當空氣變冷時，空中的水滴會凝聚在一起而逐漸變大，當它們的重量大到無法飄在空中時，它們就會成為雨降落至地面。

2. 將水壺裡的水加熱，直到有水蒸汽從壺嘴出來為止。**要讓兒童遠離水蒸汽。**

3. 讓兒童先看看鍋底是乾的，然後再放入冰塊。

4. 將裝有冰塊的鍋子固定在水蒸汽的上方，然後觀察「雨」的形成和降落。

仔細觀察雪花

材料：

1. 從天上降下來的雪。

2. 一張黑色的圖畫紙（或黑色的襪子也行）。

3. 冰箱的冷凍室。

4. 一個放大鏡（可有可無）。

作法：

1. 當天上開始飄雪時，將黑色圖畫紙放在冰箱的冷凍室裡幾分鐘，讓它變得很冰。

2. 迅速將圖畫紙從冷凍室拿出來，丟到外面去，讓一些雪花降在圖畫紙上，

3. 只用眼睛或借助放大鏡來欣賞雪花美麗的形狀。

　　你看到雪花的六個角了嗎？你能找出兩片一模一樣的雪花嗎？科學家說每片雪花都是不相同的，但它們都有六個角！

戲水之樂

▨告訴兒童我們日常飲用的水是來自何處（如果你也不知道，可打電話向水公司詢問）。問看看是否可以去參觀水廠。閱讀 Joanna Cole 所著的《水廠裡的神秘校車》（*The Magic School Bus at the Waterworks*）一書。

▨儘可能去逛逛池塘、湖泊、河流和海洋。

▨表演第 180 頁的眼見為信。

水的三態：液體、氣體和固體

▨液體

　　兒童在很小的時候就有機會學習倒水了。他們看到成人倒牛奶和果汁；洗澡時，兒童很喜歡將水從這個瓶子倒到另一個瓶子去；在學校時，戲水活動常是他們最喜歡的。

　　現在就將**液體**這個詞介紹給兒童。

材料：

1. 兩個塑膠玻璃杯。

2. 一小壺的水。

作法：

1. 告訴兒童注意看，你有一些與水有關的有趣活動。

2. 將水壺的水倒入杯子，約半杯即可。

3. 將水從一個杯子倒入另一個杯子，然後再倒回來。

4. 問兒童：「我在做什麼？」他們可能會告訴你：「倒水。」

5. 說明任何你能倒來倒去的東西有一個特別的名稱，就是**液體**，他們會很喜歡說液體。

6. 討論其他一些他們每天都可看到的液體，例如牛奶、果汁、咖啡和汽水。

▨氣體

　　正因為我們看不到它，因此，兒童通常不知道空氣中有水。一個可協助兒童了解這種事實的方法，就是示範煮熱的水如何**變成水蒸汽**（許多兒童都知道這個名詞）：

　　這是成人的工作，要注意不要讓兒童靠近高溫之處。

材料：

1. 水。

2. 一個小鍋子。

3. 一片熱金屬板、一個烹調用的爐子或電熱線圈（大部分的五金行皆有賣）也可以。（如果你使用的是電熱線圈，就可以將水放在厚的廣口玻璃瓶內。）使用透明的玻璃瓶可讓每個人看到水泡的活動及水沸騰的情形。

電熱線圈

作法：

1. 在鍋內或廣口瓶內倒入少許的水。

2. 打開加熱器。說明水加熱後會從液體轉變成氣體，這就是**蒸發**——這是一個適合兒童學習的「科學名詞」。當水沸騰時，我們會看到氣體，這種氣體我們稱之為蒸汽。蒸汽是由液態水轉變而成的氣體。告訴兒童這種氣體的「科學名稱」叫做水蒸汽。

3. 如果你讓鍋內的水燒乾，然後立即將鍋底轉向兒童，讓兒童看看你放到鍋裡的水已全部飄到空中了，這可協助兒童真的看到，並了解水能夠且已經變成水蒸汽了。

　　也可見第 146 頁，空氣含有水份。

▩*固體*

　　隨便拿個東西在手上，並告訴兒童任何你可以拿在手上的東西都是固體。問問兒童水是否可能是固體。有些兒童可能會說：「是的，當它是冰的時候。」其他兒

童則可能尚未有這種了解。不管如何，都可以試一試這項有趣的活動。

材料：

　　將少許的冰塊放在熱水瓶或塑膠容器內，然後將蓋子蓋上，要選擇從外面看不到冰塊在裡面，但搖晃時可聽到冰塊聲音的容器。

作法：

1. 搖晃容器，然後大家一起來猜猜看這是什麼東西的聲音。

2. 傾聽兒童的猜想。

3. 打開容器拿出一塊冰塊來。

4. 將冰塊放在手中，然後說：「這個冰凍的水一定是固體，因為我可以將它握在手中！」

5. 大家聚在一起愉快地觀看固態水融化成液體。

　　這項簡單的活動對兒童而言就像魔術一樣，因為他們總是好喜歡。

蒸發（見第 156 頁的說明）

材料：

1. 兩個一模一樣的小盤子（塑膠的廣口瓶蓋也可以）。

2. 錫箔紙，用來做其中一個盤子的蓋子。

3. 一根湯匙。

4. 少許加了食物色素的水。

作法：

　　每個盤子都舀入幾匙染了色的水，將其中的一個盤子用錫箔紙蓋上，另一個盤子則不加蓋。大約一小時

後，再去看看有沒有什麼情況發生。未加蓋的水有沒有蒸發呢？看看加了蓋子的水需要多久時間才能完全蒸發。

如果你將第三個盤子直接放在太陽底下或靠近熱源的地方，兒童就可看到**熱會加速蒸發**。

液化

材料：

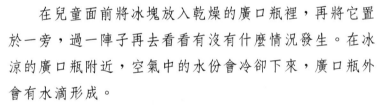

1. 一個無蓋、乾燥的廣口玻璃瓶。

2. 冰塊。

3. 一張色紙。

作法：

在兒童面前將冰塊放入乾燥的廣口瓶裡，再將它置於一旁，過一陣子再去看看有沒有什麼情況發生。在冰涼的廣口瓶附近，空氣中的水份會冷卻下來，廣口瓶外會有水滴形成。

試著將廣口瓶放在一張色紙上，紙張會變濕嗎？

水的置換

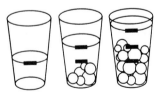

材料：

1. 一個你可看到裡面的大玻璃杯或塑膠廣口瓶或碗。

2. 各種不同大小的石頭或重物。

3. 一枝彩色筆。

作法：

1. 將水注入容器至半滿。

2. 用彩色筆標示水位高度。

3.放入最重的東西，再標示水位高度。

4.再放入更多重物，每放一次重物，都要標示一次水位
　高度。

5.將所有重物都移開，看看會有什麼情況發生。

　　　向兒童說明他們進入浴缸後，水位之所以會升高，
是因為他們取代了水。

水溶解糖

材料：

1. 一個小的、透明的果汁玻璃杯。

2. 一湯匙糖。

3. 一根湯匙。

4. 水。

作法：

1. 每位兒童都將水注入小玻璃杯至半滿為止，然後舀起
　一匙糖放入水中，並加以攪拌至看不到糖為止。告訴
　兒童糖消失是因為它被**溶解**了，這又是另一個很好的
　「科學名詞」。

2. 兒童可以嚐一嚐水就知道糖還在裡面，因為水是甜
　的。現在你有一杯**溶液**了。

3. 如果你想要再看到那一湯匙糖，將水加熱直到所有水
　份都蒸發了，或將這杯糖水放在向陽的窗戶邊，讓陽
　光的熱度使水蒸發。

水有形狀嗎？

材料：

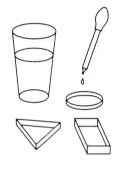

1. 醫用滴管，每位兒童都要有一枝（在藥房可以買得到）。記得看第 171 頁的註解。

2. 正方形、圓形、長方形及三角形的容器（廣口瓶或罐子的瓶蓋也可以）。

3. 每位兒童都有一個六盎斯的塑膠杯，杯內裝約 $\frac{2}{3}$ 滿的水。

4. 短吸管。

5. 擦拭用的舊毛巾。

作法：

1. 將各種形狀的容器放在長型矮桌上。

2. 給每位兒童水和滴管註1。

3. 要兒童一起合作用滴管將水吸至容器內，直到容器裝滿水為止。

4. 問兒童水是什麼形狀？討論水沒有一定的形狀，會隨容器的形狀不同而改變。

5. 發給兒童吸管，大家一起來吹泡泡！

水有「皮膚」（表面張力）

材料：

1. 醫用滴管。

2. 水。

3. 蠟紙。

4. 給成人使用的洗碗精。

作法：

　　當兒童高興地玩著滴管和吸管時，在桌面上鋪一張蠟紙（鋪蠟紙之前要將桌面擦乾），讓兒童可以將水滴在蠟紙上。每滴水都像球一樣，每滴水的外面都好像是一層「皮膚」。兒童可能會想要用這些水滴創作一些圖案。

　　示範肥皂滴（用滴管滴下）會破壞水的「皮膚」，水就會散開來。有趣吧！

浮針

　　這項活動不易成功，不過若成功了，會很有趣。

材料：

1.一根叉子。

2.一根縫衣針。

3.一碗水。

作法：

1.將縫衣針平放在叉子上，再讓縫衣針慢慢滾到水面上去。縫衣針會浮起來，而水面上則有凹紋，這也再度證明水有一層「皮膚」。

2.將針尖朝水裡丟，針尖會刺破「皮膚」，縫衣針會掉落到碗底。

水結冰

材料：

1.一個塑膠容器。

2.水。

3.冰箱的冷凍室。

作法：

1.小心地將容器裝滿水。

2.將裝滿水的容器放入冷凍室內（如果外面的溫度在冰點以下，則直接放在外面即可）。

3.讓兒童看看水在結凍時水位如何高於容器頂部，這可讓每個人知道水結凍時會膨脹（變得較大）。

4.將容器置於室溫下解凍，兒童才能看到它變回原來的水位。

水總是濕濕的嗎？

找出你在冰上跌倒時身體不會弄濕的原因。

材料：

1.一塊冰塊。

2.一張色紙。

作法：

1.讓冰碰觸紙張，注意紙張仍是乾的。

2.繼續用冰輕輕地摩擦紙張，你將可看到只有冰融化時，紙張才會變濕。冰是乾燥的水！

下沉與漂浮

材料：

各種你可以在屋子裡找到的東西，例如——

1.木積木。

2.塑膠瓶蓋。

3.兩英吋見方的薄金屬片。

4. 底片盒。

5. 曬衣夾。

6. 扭轉式繫繩。

7. 彈珠大小的麵糰球。

8. 洗碗盆或其他的大水桶。

9. 兩個塑膠淺盤──一個標示「下沉」，另一個則標示「漂浮」。

作法：

　　試一試每樣東西，看看它是會下沉或漂浮。

　　進行這項遊戲可有兩種方式：

1. 將所有東西都放入容器內，試驗之後，再將每樣東西放在適當的淺盤裡。

2. 先猜猜看每樣東西會下沉或漂浮，再依猜測放在下沉或漂浮的盤子裡。然後再進行下沉或漂浮的遊戲，看看你的猜測是否正確。

　　有時要猜測某項東西會沉或浮是不容易的，但玩下沉與漂浮的遊戲總是很有趣的！ ☺

五‧閃電和雷鳴

相關知識

◪暴風雨時，強風使雲中的水滴彼此摩擦，因而引起電花從雲裡射出，稱之為閃電。

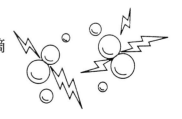

▨閃電的溫度很高，會使周圍的空氣變熱，當熱空氣逆
　著較冷的空氣挺進時，就會產生巨大的聲響，這就是
　雷鳴。

▨雷鳴只不過是大量的熱空氣而已，並不會傷害人，但
　是閃電則有可能會很危險。

活動

學習閃電時的安全規則

▨在暴風雨來臨期間切勿站在樹底下。

▨看到閃電或暴風雨快要來時，要離開游泳池、湖泊、
　球場和高爾夫球場。

▨進入屋內（不是棚子或金屬的建築物）或有堅固車頂
　的車內（不是敞蓬車）。

▨把門窗關好。

▨遠離水龍頭、水槽、浴缸、窗戶、門及電視機（將電
　視機的插頭拔掉）。

▨不要使用電話或電器用品。

▨如果你在空曠的地方，要蹲下來，但不要躺著。

柒 颱風

相關知識

▨颱風是由熱帶海洋上的低氣壓發展而來的。

⊠颱風大多發生在夏秋之際（七、八、九三個月），而春、冬二季則極少發生。

⊠颱風不僅會挾帶強風，也會伴隨大量降雨，濱海低窪地區則可能受到海水倒灌、暴潮和泃浪的侵擾。

活動

學習防颱知識

⊠在颱風易發生的季節裡，要注意氣象報告中有關颱風動向的報導。

⊠颱風來襲前，應注意各種易吹毀的設備如屋頂、門窗、棚架、招牌、陽台上的花盆是否牢固。住在低窪地區及山坡下的居民要提高警覺，預防淹水、山崩等危險。

⊠家庭裡也要事先準備乾糧、飲水、乾電池收音機、照明設備、急救藥品。

⊠颱風來襲時要緊閉門窗，並避免外出。

捌 ✍ 彩虹

相關知識

⊠光是由許多美麗的顏色混合而成的。

⊠只有在陽光照耀同時也在下雨，彩虹才會出現。

⊠當陽光射穿雨滴，雨滴會使光線彎曲，我們因而可以

看到天空中彩虹的美麗顏色。

▨彩虹有七種顏色，顏色排列的順序是固定的，從底部到頂端分別是紫、靛、藍、綠、黃、橙、紅。

▨顏色彎曲在一起，因此不易分辨出七種顏色來。

▨彩虹是圓形的。每次我們看到彩虹，它看起來總像弧形，那是因為地面和樹的阻擋，使我們無法看到整個圓形。

▨從飛機上或高山上所看到的彩虹就像右圖的樣子。（我有一位朋友從夏威夷的高山上看過幾次圓形彩虹！）

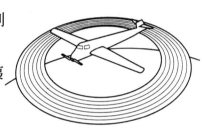

▨太陽在天空的位置不高，而且各種條件都配合時，彩虹才會出現。

▨如果你很幸運，有機會可在近處觀察彩虹，你可能會看到雙彩虹。第二道彩虹有時會出現在明亮的彩虹之上，它的顏色通常較陰暗，而顏色的排列順序剛好相反，所以從底部至頂端，你將可看到紅、橙、黃、綠、藍、靛、紫。是不是很奇特！（我曾看到數次雙彩虹，所以我知道這是真的。）

活動

製作彩虹

▨暗房裡

材料：

1. 一個稜鏡或一個水晶滴狀吊燈。

*2.*一支手電筒。

*3.*一間暗房。

作法：

　　兒童喜愛坐在暗房裡的地板上，觀看你將手電筒的光照在稜鏡或水晶燈時，彩虹會出現在牆壁上和天花板上。

▧屋外

材料：

*1.*有陽光的日子。

*2.*一根園藝用水管。

作法：

　　背向太陽，用水管將水噴向天空並觀看彩虹！

▧利用冰棒棍

材料：

*1.*七枝冰棒棍。

*2.*七種彩虹顏色的水彩或彩色筆（靛色是非常深的藍色）。

*3.*卡紙。

*4.*黏膠。

彩虹的顏色
（紅）
橙
黃
綠
藍
靛
紫

作法：

　　兒童在冰棒棍上塗上色彩，然後依照正確的順序將冰棒棍黏在卡紙上（這項工作需要有人協助他們），再依他們的想法裝飾這張卡紙。

▧紙上

材料：

*1.*油漆、蠟筆、彩色筆或粉筆〔試著準備所有彩虹的顏

167

色（靛是非常深的藍色）〕。

2. 紙。

作法：

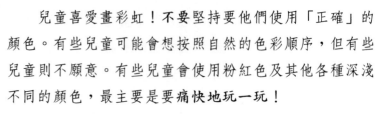

　　兒童喜愛畫彩虹！不要堅持要他們使用「正確」的顏色。有些兒童可能會想按照自然的色彩順序，但有些兒童則不願意。有些兒童會使用粉紅色及其他各種深淺不同的顏色，最主要是要痛快地玩一玩！

　　有些兒童可能會決定要畫雙彩虹。也許他們會將紙張對折，作成一張卡片送給他們喜歡的人。

收集彩虹圖片

　　留意雜誌、廣告單及卡片上的彩虹圖片並加以收集。將這些彩虹圖片併入你和兒童所畫的圖畫中，將它們存放在你的科學圖片檔裡（見第 21 頁）。

詠唱簡單的彩虹歌

（使用小星星的旋律）

天上美麗的彩虹，

夏日空中的美景。

彎彎七色正正好，

多麼美麗的彩虹。

紫、靛、藍和綠，

還有黃、橙、紅。

一切就緒彩虹現，

彩虹不會在夜裡。

　　一邊唱一邊拍手，並讓兒童猜猜歌詞最後兩個字是

「夜裡」，這會很有趣。為了協助兒童學會這首歌，可以你唱一句，兒童再唱一句，然後再一起合唱。你也可以使用冰棒棍作成的彩虹圖（見第167頁）來幫忙兒童記住顏色的順序。

　　即使是幼兒也會很喜歡下一首彩虹歌。成人唱一句，兒童再唱一句。

（使用「二隻老虎」的旋律）

成人	兒童
看那彩虹	看那彩虹
在天上	在天上
七種美麗色彩	七種美麗色彩
高又遠	高又遠

彩虹遊戲

材料：

1. 一張 12×18 英吋的白紙（小一點也無所謂）。

2. 七種彩虹顏色的蠟筆或彩色筆。

3. 護貝機（照相館有提供護貝的服務）。

4. 剪刀。

作法：

1. 作一道有正確顏色順序的彩虹（見第166頁，彩虹）。

2. 要注意每一色帶的寬度要大約 $\frac{1}{2}$ 至 $\frac{3}{4}$ 英吋。

3. 將這張彩虹圖片加以護貝。

4. 小心地將這張圖片上的七種顏色分別剪下，你就會有七個弧形色片。

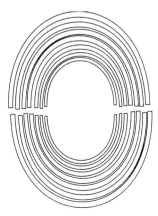

5.將不同顏色發給七位兒童或家人，有些人可以拿數種顏色。

6.坐在地板上，看看你們能不能一起將彩虹圖片從底部至頂端或從頂端至底部重新拼好。

7.唸著彩虹的顏色，以便能記住彩虹正確的顏色順序。

8.彼此交換顏色後再玩。有趣吧！☺

　　如果整個班級的兒童要一起進行這項活動，則所作的護貝彩虹一定要足夠，然後再將兒童分成七人一組，這樣整班兒童就可同時進行這項活動了。而兩道弧形彩虹對在一起，就可以變成一個圓形彩虹！

附註

註1：練習使用滴管，年幼的兒童可能會不太容易掌握
使用滴管的技巧，不要讓它成為一種挫折的經
驗。要示範必須如何：
①在滴管的玻璃尖端在水裡時，擠壓橡膠球。
②將滴管移出水面之前放鬆擠壓。
③將滴管拿到想注入水的容器的上方。
④再度擠壓橡膠球，水就會流出來。
在你作了多次的示範之後，你可假裝自己是機器
人，聽從兒童給你的指示將滴管裝滿水，再將水
釋放出來。這可協助他們學習這四個步驟。留在
對這項技巧仍覺得特別困難的兒童身旁，直到他
們較能掌握為止。在兒童使用滴管一段時間後，
給他們每人一根吸管。他們會很喜歡吹泡泡的活
動，有些兒童甚至會一起找出其他使用吸管及滴
管的有趣方法。

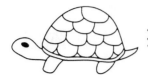 推薦讀物

Branley, Franklyn M. *The Moon Seems to Change.* New York: Thomas Y. Crowell, 1987.

Chisolm, Jane. *Finding Out About Our Earth.* London: Usborne Publishing Ltd., 1982.

Cole, Joanna. *The Magic School Bus at the Waterworks.* New York: Scholastic Inc., 1986.

Cole, Joanna. *The Magic School Bus Lost in the Solar System.* New York: Scholastic Inc., 1990.

Zim, Herbert S., and Baker, Robert H. *Stars.* A *Golden Nature Guide* Book. Racine, Wisconsin: Western Publishing Co., 1985.

第八章

關心髒亂、污染
與回收問題

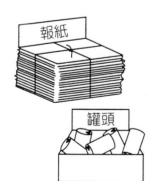

報紙

罐頭

瓶子

> 沒有人比什麼都不做的人犯了更大的
> 錯誤，因為後者只付出一點點而已。
> ——*Edmund Burke,* 英國政治家及演說家

　　我們美麗的世界已被弄髒、污染和破壞了。如果我們都能努力投入，情況就會有所改觀。所以請你盡力付出關心，並保持警覺。

　　森林貓頭鷹是美國官方的反污染標記。森林貓頭鷹希望每個人都關心一下——

⊠潔淨的水和空氣

⊠髒亂

⊠能源保護

⊠回收、重複使用及垃圾減量

⊠噪音污染

⊠永保自然的美

　　要索取森林貓頭鷹之免費資料[註1]，如海報、書籤或彩色印刷品，請寫信至：

> Woodsy Owl Fan Club
> P. O. Box 1963
> Washington, DC 20250
> U. S. A.

壹 為髒亂及污染問題盡點心力

　　有一些方法讓所有人都可用來協助我們的世界。

《注意》：兒童是透過觀察成人的角色示範而學習。

活動

先討論再行動

1. 向兒童說明將垃圾隨意丟在地上或水裡而不丟在垃圾筒的人，就是製造髒亂的人。

2. 與家人或同學一起立誓**決不會**將地球、空氣或水弄髒。

3. 每到一個地方要離開時，一定要將那個地方清理乾淨，使它比你剛到時還要乾淨。當你去散步或到公園去玩時，可隨身攜帶袋子，如此一來，你就有袋子可以放你撿到的垃圾了。（成人應**教導兒童不要撿拾玻璃**，以免不小心被割傷，並**指導他們如何判斷哪些垃圾可以撿，哪些不可以撿**。）

垃圾分類遊戲

自然垃圾

　　這項遊戲是提高警覺心的好方法，而且兒童也很喜歡。

　　你知道像樹葉、石頭、種子莢和蛇蛻下的蛇皮等東西稱為**自然垃圾**嗎？地上佈滿許多有趣的自然垃圾等待有興趣的人蒐集（見第 11 頁的探索及第 18 頁的細心蒐集）。

　　我想你應當知道什麼是人為的髒亂。

材料：

1. 自然垃圾。

2.人為垃圾。

作法：

1. 將紙或卡紙裁成 12×18 英吋大小，做遊戲板用。

2. 在紙上畫一條直線，以區隔自然垃圾和人為垃圾。

3. 將字寫在紙上並分別畫出哭臉和笑臉（即使是幼兒也能畫出這些臉來）。

自然垃圾　人為垃圾

4. 現在到鄰近地區、公園、森林去走一走，並蒐集遊戲中須用到的兩種垃圾。

5. 坐在地板上，遊戲板亦擺放在地板上；在地板上鋪一張報紙，以置放你蒐集到的垃圾。

6. 在你們一起將蒐集來的東西放在遊戲板上正確的位置時，討論自然的東西是多麼有趣，它並不會破壞我們的世界；而人為垃圾則會使我們的世界變得髒亂不堪和可怕。**要記得提到我們都必須照料我們的世界，千萬不要弄髒它。**

記得提醒兒童拿過任何垃圾後，要把手整個洗乾淨。

另一個遊戲的方式是成人預先準備好遊戲板和各種垃圾，在兒童將成人蒐集的垃圾歸好類並置於遊戲板上正確的位置後，再和兒童去散散步，以蒐集更多的東西；或者讓兒童自己蒐集垃圾及製作遊戲板。我常在要和兒童討論巨大垃圾的問題之前玩這個遊戲，以作為引子。（將遊戲板護貝可利於保存。）

垃圾的壽命

討論下列的清單，美國某些國家公園有陳列這張清單。

垃圾的壽命

煙蒂	1-5 年
香煙濾嘴	10-12 年
鋁罐和標籤	500 年
玻璃罐	1000 年
紙張	2-5 個月
防水紙	5 年
塑膠袋	10-20 年
塑膠膜容器	20-30 年
六瓶裝的塑膠套圈	100 年
塑膠瓶和保麗龍	不一定
尼龍布	30-40 年
皮革	50 年以上
毛襪	1-5 年
錫罐	50 年

請勿隨意亂丟垃圾。

大家告訴大家

告訴朋友有關這一張令人驚訝的清單，也各寄一份給報社及學校的新聞社。

在學校或公共圖書館裡展示

找出一些清單裡所提到的實物，然後將它們黏貼在

海報板上。

在展示板上黏貼一張清單影本。

你可以將煙蒂放在小袋子裡，摺疊袋口後用釘書機釘住，然後把它固定在展示板上，旁邊再加上一行字：「煙蒂也是垃圾喔！」

你的努力會有代價的。當人們看了你的展示及清單後，他們在製造髒亂之前會深思的。

問題討論時間

與兒童討論下面的一些狀況，說出你將會如何應付，並再想想更多的狀況。

1. 在去朋友家的路上，你一邊走一邊吃
   香蕉，你會將香蕉皮丟在哪裡呢？

2. 在電影院裡，當你吃完爆玉米花，喝完飲料後，你會將裝爆玉米花的盒子及飲料罐丟到哪裡呢？

3. 你和家人或同學正在一條美麗的河邊野餐，可是當你吃完午餐後，才發現附近並沒有垃圾筒，你會如何處理野餐後的垃圾呢？

眼見為信

　　一定要試一試這項戲劇式的示範，兒童和成人一起表演河邊野餐記。

材料：

1. 一個透明的塑膠儲物箱（像鞋盒一般大小），並裝水至半滿。

2. 一些雞骨和橘子皮。

3. 一個壓扁的飲料罐及一杯濃咖啡。

4. 一隻可以漂浮在「河上」的塑膠玩具鴨（可有可無）。

作法：（除了第 4 項的「河」及第 11 項的食物外，其他每件事都是虛擬的。）

1. 決定到「河邊」去「野餐」。

2. 上「車」並繫上「安全帶」後「出發」。

3. 到達目的地了，大家下車去「玩球」、「釣魚」等等。

4. 肚子餓了，於是大家在「河邊」（裝有水的塑膠箱，裡面有塑膠玩具鴨）圍一個圓圈坐著，一起吃著美味的「食物」——有「雞肉」、「橘子」、「汽水」及給成人喝的「咖啡」，還有「杏仁巧克力」當作點心。

5. 享受著豐盛的「午餐」，並談論這個美麗的地方、你遇到些什麼趣事，以及你有多麼喜歡這個美麗世界。

6. 時間不早了，該回家了。

7. 發現附近並沒有垃圾筒。

8. 一起討論要如何處理這些「垃圾」。

9. 聽聽兒童的意見。

10. 告訴兒童有些人將垃圾、油污及各種廢棄物丟到河裡、湖裡、池塘裡和海洋裡。

11. 將真的雞骨、橘子皮、飲料罐和咖啡丟到「河裡」（塑膠箱）去。

12. 討論——這裡仍是美麗的地方嗎？水被污染後，生活在其中的魚和生物會怎樣呢？

13. 一起立誓**每個人都必須盡力**照料我們的世界。

別忘了討論**空氣污染**和**噪音污染**等問題。有許多人因呼吸髒空氣而受到傷害；因為音樂及其他聲音的音量太大而聽力永久受損。

貳 為保護水源盡力

相關知識

▨我們現在使用的水與以前恐龍用的一樣。

▨水非常珍貴，因此不要浪費或污染它。

▨由於人口成長及全世界的工業用途，水的需求因而大增。

█水的使用量：洗碗，每次 25 加侖；用洗衣機洗衣服，
  每次 20 加侖；洗澡，每分鐘 7 到 9 加侖；沖馬桶，每
  次 5 到 7 加侖。

我們能做些什麼？

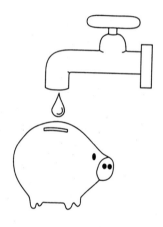

1. 舉行家庭會議或班會，討論保護水源的方法。
2. 自我檢視一番，看看自己是不是一位「浪費水的人」。
   (1)你在刷牙時，會讓水龍頭的水一直流嗎？
   (2)你常洗澡洗很久嗎？
   (3)洗衣機或洗碗機裡的衣服或碗筷只有一半時，你就
      會洗衣服或洗碗筷嗎？
   如果你都答「是」，請改變這些習慣，以保護水源。
3. 水龍頭和馬桶如果漏水了，要記得修理。
4. 為草地澆水時，不要讓水毫無節制的浪費。
5. 多想出一些可保護水源的方法。

活動

淋浴或盆浴費水
作法：

1. 洗一次盆浴。在浴缸內放水，當水位達到你平常洗澡
   時的用量後將水關掉，並用碼尺或掃帚柄來測量水位
   高度，然後作記號。

2. 再找一天在同一個浴缸內洗一次淋浴。洗澡之前先把水塞塞好，洗好之後再測量水位高度，然後作記號。

　　現在你知道如何節省水以及熱水器所使用的能源了。

參 🐢 盡力防止森林火災

　　學習更多關於冒煙熊及防火的知識。許多兒童都認識，也喜歡冒煙熊，它是美國森林管理局的標記，冒煙熊說：「只有你能防止森林發生火災。」多年前，新墨西哥的森林發生火災，一隻熊寶寶幸運地逃過死劫。因此才有用冒煙熊來宣導防止森林火災的想法。這隻熊後來一直住在華盛頓的動物園裡，直到 1975 年才死去。冒煙熊希望我們能欣賞森林美麗的景緻，但是千萬不要破壞它。

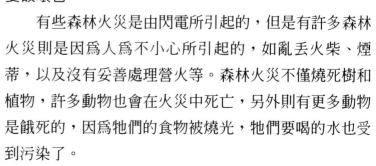

　　有些森林火災是由閃電所引起的，但是有許多森林火災則是因為人為不小心所引起的，如亂丟火柴、煙蒂，以及沒有妥善處理營火等。森林火災不僅燒死樹和植物，許多動物也會在火災中死亡，另外則有更多動物是餓死的，因為牠們的食物被燒光，牠們要喝的水也受到污染了。

活動

應用冒煙熊的規則練習生營火

　　這是一項有趣的活動，
可協助所有的人學習並
記住重要的安全用火規則。

材料：

1. 一把小型的園藝用鏟子。

2. 一個有提手的小水桶或一加侖的冰淇淋桶（可用來裝
   滅火用的假沙、土或水）。

3. 將五或六根已點燃過的大型安全火柴放在有拉鍊的小
   袋子內。

4. 五張揉皺的單張報紙（假裝它們是松針）。

5. 「引火物」：八至十枝小樹枝（粗枝），約為八至十
   英吋長。

6. 「木頭」：八至十塊大塊的厚樹皮（有時可以在森林
   裡死樹附近的地面上找到）或可以用較粗的樹枝代
   替。「木頭」應為十二至十四英吋長。

作法：[註2]

假裝：

1. 在準備背包之旅時收集一些虛擬的裝備。討論只帶一
   些輕的、必需的物品就好了。不要忘記帶水、雨具、
   食物和手電筒。

2. 穿上堅固的登山鞋並開車到森林去，不要忘記繫上安
   全帶。

3. 背起背包，開始遙遠的登山之旅。談論你在森林裡看

到的所有美好的事情。注意太陽快要下山了，我們需要紮營過夜。

4. 生起營火：

　　規則(1)：尋找平坦的營火地，營火地要遠離有突出樹枝的樹。在林子裡收集松針、引火物和木頭。

　　規則(2)：確定風向（風大的日子不宜生營火）。

　　規則(3)：水桶內裝滿沙、水或土（熄滅營火用）。

　　規則(4)：用鏟子挖個淺淺的洞（我們要在洞裡生營火）。

　　規則(5)：將營火地上的乾樹葉和草掃開。

　　規則(6)：開始搭建營火，首先將松針放入洞裡，然後將引火物放在松針上，排成圓錐形，再將木頭放在引火物上，亦排成圓錐狀。

　　規則(7)：成人假裝擦火柴要點營火，再將火柴丟入營火中。

《注意》：冒煙熊說：「許多森林火災是由於不小心使用火柴和香煙所引發的。」

千萬不要棄營火於不顧。

5. 烤熱狗；發蘋果乾和胡蘿蔔條；調奶粉。

6. 依照下列順序放置材料，做一些可口的開胃菜：全麥餅乾、方型巧克力棒、軟糖、更多巧克力（可有可無）、全麥餅乾。嗯！每個人都想要再多吃一點。

7. 躺下來觀看天上的星星和月亮，傾聽屬於夜晚的聲音——貓頭鷹、小狼和狼——很高興你了解牠們不會來干擾你（見第103頁有關貓頭鷹的介紹及第90頁有

關狼的介紹）。

8. 用水桶內的東西熄滅營火,進入睡袋裡。今天真是又興奮又忙碌的一天。

9. 隔天吃過早餐後,要確定營火已全部熄滅才可離開營地(成人應該摸摸營地的殘留物,確定它們都變涼了)。

10. 提醒兒童——

冒煙熊不玩火柴!

　　這項活動提供許多機會讓成人與兒童討論各種可用來協助照料我們世界的方法。接著像圍著營火唱歌、說故事的活動也很有趣。我希望你能試一試。☺

　　要索取冒煙熊的資料,請寫信至:

U.S. Forest Service

U.S. Department of Agriculture

Auditor's Building

201 14th Street SW

Washington, DC 20250

U. S. A.

　　有些州立及國家公園有一些與冒煙熊有關的海報、書籤及彩色印刷品可送給兒童。

肆 ࿅ 為垃圾問題盡點力：
回收－垃圾減量－重複使用－回應

美國到處一片髒亂，我們的美麗世界正逐漸被垃圾所掩埋。長久以來，美國就是一個用後即丟的社會。「保護」是指明智的使用。現在是每個人實行回收、垃圾減量、重複使用、回應的時候了。我們現在來學習如何才可以辦得到。

一・回收

回收是一項需要全家人共同參與的工作，即使是幼兒也能幫得上忙。

📖相關知識

- 🔳美國產生了相當多的固體廢棄物（廚餘或廢物），我們通常稱這些東西是垃圾。
- 🔳我們的垃圾掩埋場很快就填滿了（見第190頁）。
- 🔳美國是世界上消耗紙張最多的國家。
- 🔳在美國，如果每個人都回收星期天的報紙，我們每週就能拯救五十萬棵樹。
- 🔳每年我們丟棄了二十八兆個玻璃瓶和廣口瓶。
- 🔳每個小時我們騰出了二百五十萬個空塑膠瓶。
- 🔳每週我們使用了六十五兆個鋁罐。

所以讓我們全都開始投入回收的工作吧！

活動

如何做回收

1. 向兒童說明所謂的回收，就是將舊東西變成新東西，然後可以再度使用。

2. 有些社區會在馬路邊設置回收筒。可詢問市政府回收中心的地點，也可在電話簿裡尋找回收中心的位置。

3. 參觀附近的回收中心，了解他們回收些什麼東西。許多中心回收報紙、鋁罐，透明、綠色或棕色的玻璃，塑膠奶瓶、兩公升裝的飲料瓶，及瓶底標有 1 或 2 特別回收標章的其他塑膠容器。有些回收中心回收不銹鋼罐、車油、瓦楞紙、廢金屬，及標有其他數字標章的塑膠容器。有些回收中心需付費回收某些特定的東西。

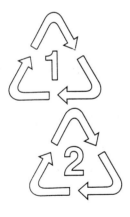

4. 舉行家庭會議討論家人要如何合作以盡力幫忙進行回收工作，也許是——
   - 將回收的相關訊息告訴鄰居及朋友。
   - 替需要幫忙的老人將回收的東西送到保管處去。

■ 將回收所得到的錢存起來，以支付家庭特殊的購物
計畫，或將這筆錢捐給慈善機構。

　　從這項工作所得到的樂趣及所完成的事情是難以
衡量的。

5. 開始保留可回收的東西，並加以分類。（將瓶子和罐
子先沖洗乾淨，以避免孳生老鼠和蟲子，廣口瓶上的
標籤則並不一定要清除。）

6. 以成為一位回收者為榮！

詠唱回收歌

（第一首的旋律：小茶壺）
我們都要做回收——我希望你也能。
報紙和玻璃瓶只是其中一部分，
鋁罐還可以幫你賺錢。
請你的鄰居也一起來做回收，
回收萬歲！

（第二首的旋律：當我們同在一起）
當我們都做回收，做回收，做回收，
當我們都做回收，
其快樂無比。
你的世界是我的，
我的世界是你的。
當我們都做回收，其快樂無比！

　　當我們高喊「回收萬歲」時，盡力地往上跳，會很有趣！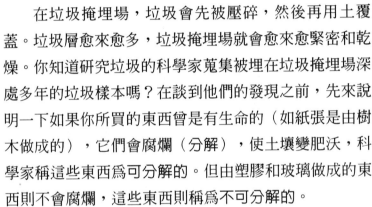

二·垃圾減量及重複使用

尋找更多的垃圾掩埋場

可分解的

不可分解的

　　在垃圾掩埋場，垃圾會先被壓碎，然後再用土覆蓋。垃圾層愈來愈多，垃圾掩埋場就會愈來愈緊密和乾燥。你知道研究垃圾的科學家蒐集被埋在垃圾掩埋場深處多年的垃圾樣本嗎？在談到他們的發現之前，先來說明一下如果你所買的東西曾是有生命的（如紙張是由樹木做成的），它們會腐爛（分解），使土壤變肥沃，科學家稱這些東西為可分解的。但由塑膠和玻璃做成的東西則不會腐爛，這些東西則稱為不可分解的。

　　藉由研究被掩埋多年的垃圾樣本，這些科學家現在明白了即使是報紙及其他可分解的東西，當它被埋在垃圾掩埋場時，也無法腐爛。例如，他們發現一個被埋了二十年的玉米穗，而玉米穗旁邊有一張從所標的日期看來是二十年前的報紙，其字體仍清晰可讀！

　　現在我們知道即使是可分解的東西，一旦被埋在垃圾掩埋場，也會無法腐爛，由於我們的垃圾掩埋空間即將不夠用，因此我們應盡力做回收，也學習做垃圾減量、重複使用及回應等工作。

活動

掩埋一些垃圾並觀察結果

　　這項活動非常好玩有趣，但是請記住，院子裡的狀況與垃圾掩埋場裡的狀況是很不一樣的。在院子裡，有空氣、水及自然分解者，如蚯蚓、蚜蛾、馬陸和菌類等在作用。當你將垃圾挖出來後，你和兒童都會覺得很驚訝的。

作法：

1. 將餐巾紙、茶包、蘋果心、樹葉、碎玻璃，及塑膠湯匙或吸管等塑膠製品放入網狀的洋蔥袋裡。

2. 要將洋蔥袋埋在院子前，先記下放入袋內的東西，並標示日期，掩埋的位置也要作記號。六個月後再將它挖出來，**看看怎麼了**。對照一下清單，察看有沒有東西不見了。

決定減少垃圾量

作法：

　　按照以下的簡單訣竅去做，並想想看還有沒有其他方法。核對你立誓要進行的活動。

1. 不要浪費紙張。紙張的兩面都使用，利用廣告郵件作便條紙，擦拭時用抹布而不用餐巾紙，用餐巾布代替

餐巾紙。（下面會介紹製作餐巾布套環的有趣方法
。）

2.購買真正需要的東西。所購買的東西，包裝要愈少愈
好，可能的話，就買大容量的或散裝的東西。

3.購買用再生紙製作的東西，或者使用再生紙或可回收
的紙包裝的東西。**不要被騙了**：並非所有再生紙製品
都一樣。要購買**消費後再生紙**，這是由新紙漿及回收
自家庭或辦公室的紙張所製成的。**消費前再生紙**已使
用多年了，它是由新紙漿及紙廠或印刷廠的碎紙片所
製成的。

4.購買可使用久一點且可以維修的高品質物品。

5.避免使用用後即丟的紙及塑膠製的盤子和杯子、尿布
和刮鬍刀。

製作餐巾環

你可能會喜歡使用餐巾布。要購買易清洗且不用熨
燙的餐巾布。由於你不必再買餐巾紙，因此你可以省下
一筆錢，而且也可以減少垃圾掩埋場的垃圾！每位家人
都需要一個彼此不同的餐巾環。

材料：

1.捲筒衛生紙或餐巾紙的捲軸。

2.尺。

3.鉛筆。

4.彩色筆、蠟筆或線。

作法：

1.在衛生紙或餐巾紙的捲軸上每隔 1 至 1.5 英吋做一個

記號。

2. 略壓捲軸，你才可輕易地將每個環剪下來。如果有美工刀，可以用美工刀將環切割下來。（**美工刀要成人或年齡較大的兒童才能使用**。依兒童使用剪刀的技巧決定是否由兒童或成人來使用美工刀。）

3. 每個人可自己裝飾自己的餐巾環，或者兒童想替每個家人都做一個，或做一個當禮物送給爺爺、奶奶或老師。讓每個人的餐巾環都各有特色。裝飾時可使用彩色筆或蠟筆來畫圖。

4. 你可能會想要用不同顏色的線來纏繞餐巾環：
   (1) 把線綁在餐巾環上，留一長段的線後打一個結，所留的線是要在完成後打結用。
   (2) 將線一再纏繞餐巾環，直到餐巾環全部被線纏繞為止。
   (3) 用剛才所留下的線與纏繞後的線再打一個結。
   (4) 將線尾塞好，你就有一個美麗的餐巾環了。

儘可能重複使用許多東西

作法：

1. 購物時自己攜帶購物袋，不要再浪費額外的袋子。
2. 將包裝紙和緞帶保留起來，下次可以再用。
3. 想出可重複使用包裝材料、箱子及各種容器的方法。
4. 將多餘的衣架送回洗衣店。
5. 將不要的衣服和用品送給別人。
6. 重複使用餐袋或購買可重複使用的餐盒或袋子。
7. 將鋁箔、塑膠及紙袋保留下來，以便重複使用。

8.利用廚餘及庭院的廢物做堆肥。

做堆肥

　　森林中的樹木每年都會落葉，而沒有人加以清理。它們會慢慢腐爛，變成又好又鬆軟的表土，不僅可保持水份，而且也是小樹苗發芽成長的絕佳所在。這就是自然界做堆肥的過程。**堆肥**是指曾經是有生命的任何材料（原料）腐爛之後的混合物。堆肥是很棒的東西，它可用作護根，或與土混合後可使土壤變輕而更易於保留水份。家有院子的人都可以做堆肥，不會很麻煩的。（也可見第83頁，在家裡或教室用蚯蚓做堆肥。）

　　不要被做堆肥的複雜規則嚇壞了，只要遵從下面所列的該做及不該做的指引就可以了。知道你**再利用**了樹葉（像自然界一樣）及廚餘，而不是把它們倒在垃圾掩埋場裡，感覺真好。

　　你需要樹葉、草及植物殘枝，還需要含有能使過程順利進行的蚯蚓、細菌、馬陸及其他**分解者**的土壤。

　　廚餘對堆肥堆是很好的。

　　下面是一些該做及不該做的事。

▨**可以加**入任何蔬菜、果皮、種子、樹皮、咖啡粉、茶葉、碎蛋殼。

▨**不可加**入牛油、人造奶油、起司、牛奶、奶精、肉、魚、沙拉醬、花生醬或植物油。也不要加入寵物的排泄物，因為這些排泄物可能含有有害的微生物。

　　如果你按照上面所列的該做及不該做的指示去做，就不會引來動物（如老鼠、狗、貓、狸）了。

　　這表示你不用收集剩餘的牛油蔬菜、義大利麵或吃了一半三明治到堆肥容器裡。

　　我在廚房的水槽邊放了一個有緊密蓋子的塑膠冰淇淋盒，以收集廚餘、室內植物的黃色落葉及乾衣機裡的線頭，這些都將會被放入堆肥堆裡。

　　將香蕉皮及樹皮切碎可加速分解的過程，所以如果時間足夠，在我要將這些東西放入盒子時，我會用廚房專用的剪刀快速地將它們剪碎。

　　我家有一個樹葉攪碎機，有些人則用剪草機將樹葉剪碎，但是其實並沒有必要這樣，較小片只是會腐爛得比較快而已。

我如何做堆肥

　　去年夏天我決定做堆肥，但是我並不是很了解要如何進行。我有一堆樹葉、一些修剪下來的草及廚餘。我在車庫後面挖了一個約六英吋深的洞，然後將垃圾倒進去，一鏟樹葉及一些剪下來的草，再用鏟子將它們搗碎，然後再覆土。只要我有了一盒廢物，我就重複上述的步驟。我讓這區域維持適當的濕度。當土有很大的不同時（像泥土一般），我就將堆肥與花園裡的土壤相混合。

　　我有一位朋友是將院子角落裡的樹葉堆弄濕（不要太濕）而開始做堆肥的。她將土、院子裡廢棄物的碎片、廚餘、更多的葉子、土壤相混合。當所有東西都分解後，那堆廢棄物很快就沉落，這讓我們兩個人覺得很訝異。

我的目的是要讓你了解做堆肥並不困難,你可以從市政府或自然資源管理單位得到做堆肥的資料。

三‧回應

我們可以做一些事而使世界變得不一樣:

1. 拒絕購買會危害環境的東西;
2. 在不使用時要將燈和電視機關掉,冷的時候多加一件衣服而不要開暖氣,以節省能源;
3. 使用無磷的洗衣粉及硼砂或洗衣精,不要使用含氯的漂白劑;
4. 使用醋及小蘇打代替洗潔劑(第 198 頁有一些有趣的活動);
5. 購買放在可回收容器內的食物或飲料;
6. 購買充電式的電池及充電器;
7. 寫信或打電話給店家及製造商(許多公司會將地址及電話號碼印在包裝上),讓他們知道你不要購買過度包裝、包裝無法回收或會危害環境的產品;
8. 鼓勵其他人也加入回收、垃圾減量、重複使用及回應的行列。

活動

讓午餐垃圾減量的遊戲

　　成人和兒童都可以玩這個垃圾減量的遊戲。

材料：

1. 一個用布做的（可重複使用的）餐袋或餐盒。

2. 一個熱水瓶。

3. 一條餐巾布。

4. 一副可重複使用的叉子和湯匙。

5. 可清洗的食物容器，裝三明治、水果或優酪乳用。

6. 可重複使用的袋子，裝點心和餅乾用。

作法：

1. 成人須提供上面所提到可重複使用的各項物品。

2. 多花點時間將食物放入及清洗可重複使用的容器，或者最好是將準備午餐變成父母和兒童共同的工作。

　　兒童必須——

　　(1)了解為什麼儘量少產生垃圾，甚至不產生垃圾是重要的。

　　(2)要記得每天將可重複使用的餐具（即使是袋子）帶回家。

　　如果兒童對協助我們的世界產生濃厚的興趣，他們就會想出更多好點子讓你試試看。

製作醋－小蘇打洗潔劑

我們應該避免使用含氯的洗潔劑，因為氯和磷會使我們的水產生問題。醋和小蘇打是很好的天然洗潔劑，它們不會危害我們的水源。

兒童會很喜歡這項活動，看到醋和小蘇打混合後起泡泡（一種化學反應）是很有趣的。

作法：

讓兒童來幫忙。

1. 將小蘇打放入蓋子上有小孔的罐子或廣口瓶。你也可以自製容器，只要用釘子在裝優酪乳的小塑膠盒戳個洞就可以了。
2. 將醋（哪一種都可以）放入噴霧瓶內。
3. 兩個容器都做上標示。
4. 在水槽裡噴醋，再撒下小蘇打，然後靜候起泡泡的反應，再用抹布或海棉將水槽擦乾淨。

寫信－打電話－讓兒童協助你推廣你的觀念

消費者的想法對製造商、商店老闆及政府官員是重要的。如果你和兒童都有強烈的意願想要依照我們在這一章所討論的各種方法來協助我們的世界，**就請多花點時間推廣你的觀念**，你將可以使這個世界變得更好。

作法：

1. 在與家人一起聊天時，你可能會決定要對某些事情予以回應。也許你決定要寫信給對產品過度包裝或沒有將產品放在可回收容器內的廠商（如玩具或食品公司）。廠商的地址及免付費電話有時可在包裝上找到。

2. 即使是幼兒，也可讓他們參與決定要寫些什麼，他們可幫忙貼郵票，再一起去寄信。年長的兒童則可實際提筆寫信。

3. 在科學記事本上記下你寫信的對象，信中寫了些什麼，以及你寄信的日期。

4. 等到家人都到齊了，再一起拆閱回信。

5. 將你推廣觀念的結果與其他人分享。

伍 ❧ 做一名自然保護者

　　自然保護者關心我們的世界，他們——

▨盡心地做回收、垃圾減量、重複使用及回應等工作。

▨不隨意亂丟垃圾或污染環境，並盡力使我們的世界比原來更好。

▨喜歡欣賞野花，但絕不隨意攀折。

▨欣賞我們世界裡的野生生物。

▨了解造林及造園的重要性。

▨隨時學習協助我們世界的新方法。

　　老老少少都可以有所作為，何不加入自然保護者的行列呢？

　　我們的世界需要許許多多的愛及細心的照料，所以——何不請你所有的鄰居及親戚一起來參與。如果大家都能參與，對我們的世界就能真的有所助益！

附註

註1： 我國行政院環境保護署也有一些環境保護教育宣導品可以索閱，可寫信至台北市中華路一段41號7樓行政院環境保護署教育宣導科，或打電話至(02)23117722～2733詢問細節。

註2： 當我與班上的兒童一起進行這項活動時，我的箱子裡已備有點火用的材料（如果附近有樹林，可讓兒童幫忙蒐集一些材料）。在我們進行「假裝」的步驟1至3後，我要兒童圍著營火坐成一圈。我將所有材料發下去，並告訴兒童：「你有假松針，」或「你有引火物，」或「你有木頭。」我派一位兒童假裝提著水桶去提水，另一位兒童假裝在挖洞。在確定風向及營火地上方無突出的樹枝後，我們開始生營火，先將「松針」放在洞裡，接著放引火物，然後放木頭。

 推薦讀物

Cherry, Lynne. *The Great Kapok Tree.* A Gulliver Book. New York: Harcourt Brace Jovanovich, 1990.

Chief Seattle. *Brother Eagle, Sister Sky: A Message from Chief Seattle.* New York: Dial Books, 1991.

Dr. Seuss. *The Lorax.* New York: Random House, 1971.

Van Allsburg, Chris. *Just a Dream.* Boston: Houghton Mifflin Co., 1990.

第九章

健康、飲食及
相關的趣味活動

你做些什麼事，兒童都看在眼裡，他們會注意你怎麼吃，有什麼舉動——因為他們想和你一樣。

協助兒童儘早建立良好的健康習慣，是非常重要的一件事！

專家認為，我們小時候所建立的生活習慣會延續至成人，他們也認為如果兒童的日常飲食常包含許多垃圾食物，每天花很多時間看電視，或是不常參與體能活動，則勢必會引起長期的健康問題。

給兒童一項重要的禮物：協助他們學習享受健康的飲食及有活力的生活方式。

由於目前與健康有關的資訊極為豐富，許多成人於是開始檢視自己的健康習慣，也開始關心子女的健康習慣。

《注意》：

做個好榜樣——你的子女會向你學習。

壹 飲食與健康的關係

相關知識

◼ 在美國，心臟疾病是頭號殺手。

▨高膽固醇會增加罹患心臟疾病的風險。

▨有些兒童有高膽固醇及高血壓的問題。

▨低脂、低膽固醇的飲食是避免高膽固醇的主要方法。

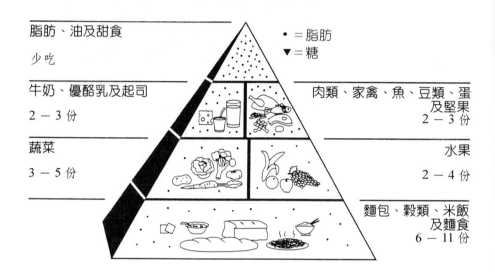

　　1992 年美國農業部提出了金字塔飲食指南，其內容與傳統四類食物的分法不同。金字塔飲食指南清楚地指出脂肪、油及甜食要盡量少吃。要索取金字塔飲食指南：日常飲食選擇原則（Food Guide Pyramid: A Guide to Daily Food Choices），請寄一美元至：

> Consumer Information Center
> Department 159-Y
> Pueblo, CO 81009
> U. S. A.

美國心臟協會、美國癌症學會及國家乳品委員會提

供特別為兒童設計且非常好的營養資訊及資料。見第213頁的健康危機，學習如何與這些組織聯繫。

活動

學習看產品的成份標示

　　從產品包裝上的成份標示，我們可以更加了解所購買的東西。你知道每項產品的原料都必須列在包裝上的成份表裡嗎？要先列出主要原料（由重量來判定），接著再列出其他原料，所有原料是依重量——由最多到最少——來排序的。

　　例如，許多產品中所含的糖，有各種不同名稱，如蔗糖、葡萄糖、右旋糖、蜂蜜、玉米糖漿、乳糖和麥芽糖。所以——如果你在成份標示上看到的前三項原料都是上面所提過的某一種糖，或者成份標示上列有多種糖時，則這項產品的含糖量可能很高。

　　閱讀成份標示時，你也必須知道5公克的糖＝1茶匙的糖。許多加工過的穀類產品常含有很多糖類，而燕麥片及麥乳則是無糖的產品。協助兒童了解每項產品「隱藏」有多少糖，然後全家人一起決定多少糖是過量了。

　　也要小心注意脂肪及鹽量過多的問題。

成為鈉的明智使用者

相關知識

▨有些鈉是我們身體所必需的。

■大部分美國人鈉的消費量超出所需。

■美國人的飲食中所含的鈉大部分來自食鹽。

■有些食物本身即含有鈉，也有許多食物及飲料添加了鈉。

■在加工食品中添加鈉，主要是為了防止食物腐壞或增添食物風味。

■有許多原料含有鈉，發酵粉、小蘇打、糖精及檸檬酸鹽是其中一些。

■減少鈉的攝取量可協助人們避免高血壓的問題，而高血壓會引起心臟疾病及中風。

　　食品加工的過程愈多，含鈉量就愈高，下面就是一些令人覺得驚訝的例子！

一個小蕃茄含有 10 毫克鹽	半杯蕃茄汁含有 440 毫克鹽	半杯蕃茄醬含有 741 毫克鹽
半杯新鮮豌豆含有 2 毫克鹽	半杯罐頭豌豆含有 186 毫克鹽	一杯豌豆湯含有 987 毫克鹽
3 盎斯的豬肉含有 59 毫克鹽	四片培根含有 404 毫克鹽	3 盎斯的火腿含有 1009 毫克鹽

進一步了解脂肪

　　請記住有些兒童有高膽固醇及高血壓的問題。

　　高脂肪的飲食會使許多人的膽固醇增高，而高膽固醇會增加罹患心臟疾病的風險。

　　脂肪有飽和及不飽和兩種，少量的脂肪是我們所必需的，不過要特別注意飽和脂肪的量。

下圖（一部分而已）可協助我們區分兩者的不同：

飽和脂肪酸含量高的原料		不飽和脂肪酸含量高的 原料（油）	
肥牛肉	乳脂	玉米	芝麻
牛油	豬油	棉子	黃豆
可可脂	棕櫚油	紅花	葵花
椰子油			

《注意》：

▨避免吃太多脂肪，對於成份標示上先列出脂肪及油的產品，或列出許多脂肪及油原料的產品要特別注意。

▨使用上圖來協助你從各種不同來源的脂肪中確認出一些來。

避免吃太多脂肪、飽和脂肪及膽固醇的方法

1. 選擇瘦肉；烹調前或烹調後，要將脂肪去除。
2. 在烹調前先將家禽的皮去除。
3. 以紅燒、烘烤、碳烤或燉煮的方式烹調肉、家禽或魚。
4. 以蒸、煮或烘烤的方式烹調蔬菜，也可用少量的蔬菜油快炒蔬菜，以便有些變化。
5. 吃清淡的蔬菜，或用植物性調味料和香料來調味，不要使用醬油、牛油或人造奶油來調味。
6. 使用低脂奶製品，以人造奶油代替牛油。
7. 可能的話，使用橄欖油代替能使糕餅變鬆脆的牛油。

好消息！當你減少脂肪的攝取量時，你所攝入的卡路里也會較低（1 湯匙脂肪等於 100 卡路里），而且無損營養。

專家建議我們應將體重維持在建議的範圍內，因此這是一個很好的消息。 ☺

活動

小心一些包裝上的噱頭

專家提醒我們注意，製造商常會在包裝上下功夫，如使用鮮豔色彩及卡通人物，以吸引兒童的興趣；不過，有許多製造商常忽略要在其製造的食品中放入有營養的原料。

例如：

1. 有些兒童喜歡的冷凍餐盒含有很多的鹽和脂肪。
2. 許多穀類製品的含糖量很高。

你可讓事情變得不一樣。寫信或打免付費電話給製造商，向他們抱怨有許多食品的脂肪、鹽及糖含量太高，特別是那些兒童喜歡的產品。告訴製造商你的不滿，以及除非他們能有所改善，否則你將不再購買他們的產品。他們可能會給你回信，並開始逐步改善產品的品質。

在打電話或寫信給製造商時，記得要讓兒童一起參與這項活動。

認識更多有益健康的點心

可多吃一些	要少吃一些

新鮮的蔬果　　　　　　　罐頭水果

不含鹽的堅果和爆玉米花　洋芋片及其他點心

花生醬和蘇打餅、全穀類　白麵包、甜蛋糕捲、甜甜
　麵包、全麥餅乾　　　　　圈、小酥餅

低脂牛奶及純果汁　　　　全脂及巧克力牛奶與汽水

要謹慎食用特殊場合所使用的食物，包括薯條和炸雞等油炸食物，以及大部分速食店裡的食物、糖果、冰淇淋、汽水、含鹽的點心和其他甜點等。

```
1993 年 10 月 2 日星期一
牛奶　穀類　肉類
卌　　||||　　||
水果┼　點心　　特別
蔬菜　　||　　　大餐
|||　　　　　　　|
```

記錄日常飲食

讓兒童在黑板或紙上幫忙記錄家裡的日常飲食。

設計一特別的欄位以記錄點心及特別大餐的次數，這可協助每個人了解自己所吃的點心食物及特別大餐的頻率。

不要忘了喝水！

除了其他液體，每天還要再喝六至八杯的水。

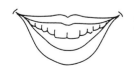

定期看牙醫

經常保持牙齒清潔，隨時可露出健康的微笑。

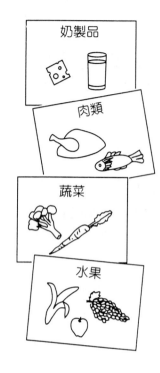

奶製品

肉類

蔬菜

水果

穀類

五類食物

（在第 204 頁金字塔飲食指南裡，你會學到關於食物類別的知識。）

兒童喜歡製作食物類別的海報。

材料：

飲食金字塔圖片。

作法（這是一個個人、家庭或班上的活動）：

1. 在彩色的食品廣告或雜誌上尋找食物圖片。

2. 將它剪下並黏貼在紙上以製成海報。

3. 看看第 217 頁美味佳餚裡的食譜，看看其中的材料是屬於飲食金字塔所提食物類別中的哪一類。也許你會想要買一些材料來製作這些營養、美味的食品。

食品雜貨店之旅

帶兒童到食品雜貨店^{註1} 去：

1. 閱讀產品的成份標示——看看你常買的穀類製品、蘇打餅、水果罐頭內的真正成份是什麼。

2. 考慮試一試——燕麥麩、燕麥片及其他熱門的穀類製品（原味或加葡萄乾的）。

3. 到產地去看一看，並買一些你從沒吃過的水果和蔬菜。

4. 舉辦一個品嚐派對，試一試你最近找到的食物——也可以準備一些健康的沾醬（見第 219 頁的仿酸乳酪）。

貳 ⚫ 為健康而運動──讓自己覺得更好、看起來更好、工作及玩得更好

有些專家覺得，讓兒童定期參與一些體能運動，和要他們閱讀及做數學一樣重要。

每個人都聽過「運動對身體有益」這句話，但是大部分美國人在工作、學校、遊玩或休閒時，都很少進行體能運動。

許多兒童花了很長的時間看電視或玩電視遊樂器，這些活動雖然也有些益處，但會剝奪兒童主動參與體能活動的機會與時間。

健康專家說：

▩要增進身體健康，就必須要有適當的營養及定期的運動。

▩許多兒童的戶外活動不足，或是在學校也沒有接受到適當的運動及營養的指導。

▩要儘早建立健康的生活習慣，因為早期所建立的習慣會持續至成人。

▩兒童的父母若有定期進行體能活動，則兒童會比較喜歡體能活動，而且不僅小時候如此，長大成人後亦是如此。

▩美國健康協會建議，成人若要維持身體健康，每週應進行三至四次的體能運動，每次至少三十至六十分鐘。

活動

思考行動計畫——你能做些什麼？

1. 鼓勵兒童跑、玩、騎腳踏車、游泳、散步、在攀爬架上攀爬、擺動——以移動他們的身體。

2. 愉快地進行能提供定期體能活動的家庭活動——也許是散步、騎腳踏車、游泳、跳繩或登山。

3. 詢問學校以確定每個上課日都有適當、定期的體能活動。

走路有益健康

何不計畫定期與家人一起去散步——也許是每天或一星期三次。剛開始散步時，距離可以短些，然後慢慢增長散步距離。試著大步快走，但如果有兒童隨行，可能會需要常常停下來探索或休息。將你走的里程數記錄在你的科學記事本上。

走了十哩或你設定的距離時，開個派對慶祝一下。

登山活動

與縣立、省立或國家公園聯繫，詢問有標識之登山路線的相關訊息。

《注意》：登山時要小心泥濘及雪地上的動物足跡。

參 健康危機——你該怎麼辦？

　　我們必須面對一個事實：即使是幼兒也會曝露在煙、酒及藥物的危害中，且任何年齡層皆有許多兒童營養不良及缺乏足夠的運動。兒童從很小開始，就需要適齡之各種健康危機的相關訊息。

　　好消息！有特別為兒童設計的有趣、有意義且常是免費的教材可提供這方面的訊息。

活動

尋求協助

　　下列的組織希望你會打電話去尋求協助。

　　美國癌症學會（The American Cancer Society）有免費的教材可提供給教師使用，另外也有提供學前至十二年級適用的視聽教材及其他教具。和氣龍是其幼兒教材中的主角人物，蜘蛛人及保健員則出現在小學的教材裡。「吃得明智（Eat Smart）」這一項營養計畫則提供各年齡層的人相關的營養訊息。

　　要詢問或索取各種資料，可與美國癌症學會各地區分會聯絡，或打電話至 1-800-ACS-2345。

　　美國心臟協會（The American Heart Association）提供教師免費教材，也有到學校從事教育宣導的計畫，以

鼓勵學前及十二年級的學生養成能促進心臟健康的習慣。「心臟寶盒（Heart Treasure Chest）」是為三至五歲兒童設計、可隨身攜帶的教具，「了解你的心臟（Getting to Know Your Heart）」是為一至六年級學童設計的課程，而「心臟決策（Heart Decisions）」這項課程則是在教導年齡較大的兒童有關生活習慣與健康的關係。

如果需要相關的資訊，可與美國心臟協會各地區分會連絡，或打電話至 1-800-AHA-USA1。

主廚

國家乳品委員會（The National Dairy Council）有提供學前期至成人期之營養教育的教材、視聽教具、海報及小冊子。主廚是其從事營養教育時所使用的布偶，以提供能促使三至六歲兒童選擇有益身體健康之食物的經驗。「營養、運動與身體健康（Super You and Body Walk）」則是一個結合了營養與運動之重要性的課程。

乳品委員會所提供的教材有時是免費的，有時則需付費，不過費用很低廉。

需要相關資訊時，可與乳品委員會各地區分會連絡，或寫信至國家乳品委員會：

National Dairy Council

O'Hare International Center, Suite 900

10255 West Higgins Road

Rosemont, IL 60018-5616

U. S. A.

電話：708-803-2000

傳真：708-803-2077

美國肺臟協會（The American Lung Association）有提供與抽煙、如何戒煙及二手煙對兒童及成人之影響的相關資料，他們也提供學前期至成人期間各階段適用的教材、海報、小冊子及視聽教材。

八爪章魚

我在教幼兒園的孩子時，就曾用過他們的八爪章魚（Octopuff in Kumquat）視聽教材，效果很好。該視聽教材是特別為四至八歲兒童所設計的，其教育主題充滿刺激。每一年我的學生都很喜歡，也從中學到許多知識。

需要相關資料時，可與美國肺臟協會各地區分會聯絡，或寫信至：

The American Lung Association National Office

1740 Broadway

New York, NY 10019

U. S. A.

《説明》：「2000 年時無煙害（Smoke-Free Class of 2000）」是一項結合美國心臟協會、美國癌症學會及美國肺臟協會之努力的全國性計畫。這項長達十二年的教育計畫，焦點是集中於 1988 年進入小學一年級，而將在 2000 年畢業的學生。可以與上述的三個單位連絡，以獲取更多的資訊。

反毒教育（Drug Abuse Resistance Education，D.A.R.E.）是美國許多社區都實施的一項預防性的方案。在我的家鄉，從 1987 年起，小學就開始進行反毒教育，而且做得非常成功。學生、父母、教師都很能接受反毒教

育，現在亦成為幼兒園至十年級之學校課程的一部分。我們獨特的反毒教育是請警察局的人來當講師，反毒教育的工作人員常是經過仔細挑選及訓練後，才讓他們到教室裡去授課。

反毒教育的主要工作有四：

▣提供有關酒及藥物的正確知識

▣教導學生決策技巧

▣示範如何抗拒同儕壓力

▣給他們使用藥物以外的其他選擇

在反毒教育實施期間，工作人員每個星期到學校一次，每次去時都在學校停留一整天的時間，在午餐及休息時間與學生們交談，並出示事先預備好的教學資料。

若需要更進一步的資訊，請與附近的警察局聯絡，或打電話至 1-800-223-DARE。

國家酒精中毒與藥物濫用委員會（The National Council on Alcoholism and Drug Abuse）以專業及隱密的方式協助你解決任何與酒精及藥物有關的問題與關心。並非每個地區的分會都提供相同的預防性服務。我對聖路易斯分會的預防方案比較熟悉，此方案包括了一項名為「優勝者（WINNERS）」的初級課程，及一項名為「趨勢（TREND）」的遠離酒精／藥物的社交及休閒活動方案。

如果需要進一步的資訊，請與國家酒精中毒與藥物濫用委員會各地區分會聯絡，或打電話至 1-800-475-HOPE。

肆 ✿ 美味佳餚

兒童喜歡烹調，準備食物是有趣且又重要的工作。

烹調亦是一種科學——稱重、測量、混合、溶解、看材料混合後形狀上的改變、加熱或染色。（硬硬的蘋果烹調後會變軟。）

烹調是一種團隊工作，兒童也能學到——

▣遵照一定次序的指示。

▣新字及其意義。

▣良好營養的基本原則。

▣準備與分享美食的樂趣。

伍 ✿ 與兒童一起烹調──有用的指引

1. 儘量不要使用電器用品，例如食物調理機和攪拌器。
   要讓兒童自己去混合、攪拌、磨碎、剁碎等等。
2. 一起決定要煮什麼。
3. 教導兒童烹調前要先洗手。
4. 為避開細菌，只有在可以舔一舔碗的時候才去嚐嚐看。
5. 提供適合兒童高度的工作空間，廚房桌子的高度比櫃臺的臺面還要適合。
6. 在工作臺面上先覆蓋舊毛巾布，或是像毛巾布一樣可

收集食物殘渣，並且抖一抖就可去除食物殘渣或是可以清洗的東西也行。

7.讓兒童幫忙你蒐集材料，並說出每樣材料的名稱。

8.將乾的材料倒入大平盤裡，兒童才可輕易用湯匙將材料舀入杯子內。

9.教導兒童用量杯或量匙裝東西時，不僅裝滿，還要堆高，然後再用刀子弄平。

10.分配測量及攪拌的工作，然後大家輪流做。

11.讓兒童練習將蛋敲開（用另一個碗）。

12.只有在需要剁碎時才給兒童餐刀，以避免發生意外事件。

13.討論銳利的刀子及熱爐子的危險性，說明有些烹調工作是成人的事。

14.在桌上放一盆乾淨的水，以便清洗水果。

15.簡化烹調工作，不要求完美，使與兒童一起烹調變成一件樂事！

陸 食譜

《注意》：儘可能讓兒童自己動手做。

下面所介紹的是低脂沾醬的食譜。

一 · 仿酸乳酪

材料：

2 大匙脫脂奶粉

1 大匙檸檬汁（瓶裝的也可以）

1 杯用低脂酸牛奶做的軟乾酪

作法：

將所有的材料都放入攪拌器內，再用中等速度加以攪拌，直到變得光滑和乳脂狀為止。

《說明》：這可能會與你平常在食譜上所看到的酸乳酪不太一樣。先用少量的材料試試，看是否能作為替代品。

二 · 螞蟻上樹

材料：

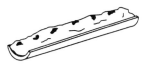

芹菜—葡萄乾—填料，如：起司醬及花生醬

作法：

1. 兒童先將芹菜洗乾淨，再切成 3 至 4 英吋長的小塊。
2. 在芹菜上塗上填料。
3. 放上葡萄乾。

4.假裝葡萄乾是樹幹上的螞蟻。

三‧燕麥片：營養聖品

我們把它當早餐吃，有時則將它與其他的乾麥片混著吃，也常把它一匙一匙當點心吃。

材料：

4 杯未煮的老式燕麥片（非速食或即溶的）

1 杯麥芽

1 杯椰子粉（見下面的說明）

1 或 2 大匙紅糖

$\frac{1}{3}$ 杯蔬菜油

$\frac{1}{2}$ 杯蜂蜜或淡玉米糖漿

1 大匙純香草精

$1\frac{1}{2}$ 杯去殼的低鹽葵花子（或將芝麻及葵花子混合）

$1\frac{1}{2}$ 杯低鹽的花生仁或花生仁和堅果

《說明》：椰子是高熱量食物，你可以不用加，我就沒有放這種材料。

作法：

找出你家人喜歡的組合。

在大碗內混合所有乾的材料，油、蜂蜜和香草精則放入鍋內混合，再將之加熱，然後將它倒入乾的材料

裡，並加以攪拌，直到所有的顆粒都裹上醬料為止。再將混合好的東西鋪在長型、有矮邊且塗了油的烘烤用紙上。17 × 11.5 英吋或 13 × 9.5 英吋的淺盤也可以。用250 度的溫度烤一小時。在烘烤時，要每 15 分鐘用湯匙翻面一次。等它涼了之後，可加一些水果乾如葡萄乾，並儲放在密閉的容器內。（吃燕麥片時加葡萄乾，是因為存放後的燕麥片會變得較酥脆。）

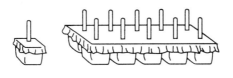

四・迷你冰棒

材料：

果汁——蘋果、柳橙、葡萄

作法：

1. 將果汁倒入小紙杯、塑膠藥杯或製冰盒裡，倒至 $\frac{2}{3}$ 分滿即可。（向兒童說明**液體結凍時會膨漲**。）
2. 將杯子或製冰盒用兩層鋁箔薄片蓋住，鋁箔的邊緣則向下折。
3. 將每枝冰棒中心位置的鋁箔紙割一道裂縫，然後插入冰棒棍。
4. 小心地將它放入冷凍庫。
5. 想吃時再一次拿一枝。

食物碾磨機

五·蘋果泥——不用剝皮——
好吃又好玩

圓錐形壓泥器

我很喜歡與兒童一起做這項工作，它需要一部食物碾磨機或圓錐形的壓泥器。而我比較喜歡使用食物碾磨機。

我所使用的是 2 品脫大的食物碾磨機，我也建議你購買這種機型。雖然也有 3.5 品脫大的食物碾磨機，但是我比較喜歡 2 品脫大的機型。食物碾磨機可以在百貨公司的家電部門或一般的電氣行買到。這項投資是很值得的，而且可以永久使用。你或許可在舊貨拍賣時找到一個。

蘋果泥可冷藏（我把它裝在酸奶軟乾酪的盒子裡），所以你可以在蘋果盛產期時將一年所需的用量全準備好。多好的一項家庭活動啊！

材料：

3 磅蘋果

$1\frac{1}{2}$ 杯至 2 杯的水

糖——依個人口味，約 $\frac{1}{3}$ 或 $\frac{2}{3}$ 杯

肉桂，吃的時候再加（不要和蘋果一起煮）

大的煮鍋及食物碾磨機

作法：（許多兒童可以一起工作）

1. 在桌面上鋪上毛巾布（砧板不用鋪），並放一盆水（洗蘋果用）及一些餐刀。蘋果不用去皮、去柄或去子，通通放到食物碾磨機裡去。

2. 成人和兒童一起將蘋果洗乾淨，然後切半或切成四塊（見說明），再將切好的蘋果放入煮鍋並加水。可收集掉下來的種子來種植（見第 114 頁和第 117 頁）。

《說明》：用餐刀切蘋果需要力氣，有些兒童因此需要
　　　　　幫忙；有些兒童會來參與，並自己動手做；
　　　　　有些兒童則較無興趣。

工作時：

　　將一個蘋果橫切，果核部位看起來像「星星」。

　　將其中一半放在科學架上，觀察它的改變。

　　討論蘋果有多硬，一起想想蘋果煮後會變成什麼樣。

　　煮蘋果時要蓋上鍋蓋，而且由**成人**來煮（要時常攪拌），直到蘋果變得很軟為止。（煮時不要忘了順便聞一聞蘋果的香味。）一次只讓少數幾個兒童來看看。**不要讓兒童靠近熱鍋子。**

　　將食物碾磨機架在一個大碗上。

　　取一些溫熱的蘋果放到食物碾磨機裡。

　　每個人輪流轉動把手，將蘋果泥壓到碗裡去。

　　在蘋果泥還熱熱的時候加入糖，讓兒童來攪拌，他們就可以看到糖溶解在溫熱的蘋果泥裡。熱食或冷食、單獨吃或拌肉或拌香腸吃，都很好吃。我希望你也能試一試。

六‧草莓－鳳梨果凍

材料：

1 包 3 盎斯的草莓果凍粉

$\frac{3}{4}$ 杯熱水

1 罐 8 盎斯的鳳梨汁──果汁和果渣

1 罐 10 盎斯的冷凍草莓──果汁和果渣──先解凍

作法：

由成人將熱水倒入果凍粉裡。

在兒童將水及果凍粉拌勻時討論溶解一詞。

加入鳳梨和草莓──果汁及果渣（也可加入切片的香蕉）。

拌勻後倒入一個或多個模型。

七‧小丑午餐！再想想其他有趣的創意

頭：水煮蛋（一端切下一小片）

帽子：青椒

頭髮：胡蘿蔔絲或起司絲

眼睛和鼻子：葡萄乾

嘴巴：櫻桃或洋辣椒片

身體：蕃茄片

領子：新鮮的荷蘭芹

鈕釦：橄欖或醃黃瓜片

手臂：芹菜條或糖漬小黃瓜

腿：熱狗麵包──切半

兒童喜歡創造並吃掉這個小丑。

八 · 蔬菜牛肉湯

這是一項很好的家庭或班上活動。班上的每個人都從家裡帶一樣蔬菜來，所做成的湯又名分享湯。

材料：

1 磅或更多的牛腿肉

3 條胡蘿蔔

2 個大洋蔥

2 根帶葉的大芹菜莖

$\frac{1}{3}$ 杯大麥

8 盎斯罐頭蕃茄片

4 至 5 杯的水

也可以加入你選的任何蔬菜。

作法：

1. 將牛腿肉、蕃茄片及水放入煮鍋，加蓋後燉煮二小時。這項工作由成人來做。

2. 在桌面上鋪上毛巾，並放一盆水和一些餐刀。兒童可以用硬的刷子來刷洗胡蘿蔔──胡蘿蔔不用去皮。

《注意》：胡蘿蔔很硬，用餐刀並不容易切，如果是

與年紀較小的幼兒一起進行這項活動時，可以先稍微煮一下，讓它變軟一些。

3. 大家一起切芹菜及葉子、洋蔥（成果會讓你覺得流淚是值得的）及胡蘿蔔。將所有切好的蔬菜放入碗裡。

4. 由成人將蔬菜加入燉煮中的肉及蕃茄裡，並加以混合。

5. 再燉煮一或二小時（加蓋），並不時攪拌。

6. 由成人將牛腿肉取出放涼，再切成小塊。

配著小餐包吃，非常好吃。

九‧素蔬菜湯

作法：

用果菜汁當湯。

將你喜歡的蔬菜切一切後再加入（見第 225 頁蔬菜牛肉湯之作法的步驟 2 至 3）。

十‧青豆湯

材料：

$1\frac{1}{2}$ 磅的乾青豆

1 條大的火腿肉

3 個洋蔥

3 根帶葉的芹菜莖

3 條胡蘿蔔

3 大匙檸檬汁（瓶裝的亦可）

8 盎斯罐頭蕃茄（切成小塊）

作法：

1. 前一晚先用六杯水將豆子煮滾後熄火，再加入一茶匙半的小蘇打，然後加蓋放置一晚。（小蘇打可預防與豆子有關的脹氣。）

2. 隔天將豆子撈出並沖洗乾淨。

3. 依照蔬菜牛肉湯作法 2 至 3 的步驟切蔬菜。

4. 將浸泡的豆子、火腿肉、切好的蔬菜、蕃茄和檸檬汁放入大煮鍋裡。

5. 加水至蓋過所有材料爲止，然後加蓋。

6. 先煮開再燉煮三或四小時，時時攪拌，視需要再加入水。

7. 由成人將火腿肉**取出**放涼，再切成小塊。

8. 如果你喜歡，也可以將一些豆子用食物碾磨機磨成泥。

　　配溫熱的玉米麵包吃，非常好吃。

十一・披薩──好吃又有趣！

材料：

1 磅碎牛肉或豬肉香腸或義大利香腸

1 個大的或 2 個中的洋蔥

1 罐 15 盎斯的蕃茄醬

1 罐 6 盎斯的蕃茄泥

$\frac{1}{2}$ 茶匙（少許）牛至（薄荷屬的食用植物）

$\frac{1}{2}$ 茶匙（少許）胡椒

8 盎斯磨碎的起司，選你喜歡的口味

3 罐（每罐 10 個）冷凍麵糰

產出：三十個美味的小披薩

作法：

1. 讓兒童依蔬菜牛肉湯作法 2 至 3 的步驟幫忙切洋蔥。

2. 由成人將碎肉及切好的洋蔥一起拌炒，直至變成黃棕色，然後濾去油脂。

3. 將洋蔥碎肉、蕃茄醬、蕃茄泥、牛至及胡椒放入碗裡拌勻。

4. 在三張大張的烤餅乾用紙上輕輕地抹上油，烤餅乾用紙的大小約為 15 × 12 英吋。

5. 成人和兒童一起在烤餅乾用紙上將麵糰壓平，將做好的餡料放一些在麵糰的中間（將餡料鋪開，但邊緣要留一圈不要鋪餡料），再撒上磨碎的起司。

6. 用四百度的溫度烘烤，直到變成金黃色──大約是八至十分鐘。和沙拉一起吃，是一道美食。

　　你注意到了嗎？做披薩所用的材料，包括了四類基本食物。

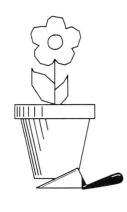

十二‧泥餅——放在新的花盆裡，並用新的小鏟子來取食，相當好吃

這是在聊天時可吃的一種很好的點心。

材料：

1 個直徑 8 英吋大的新花盆，洗乾淨後擦乾

1 隻新的園藝用小鏟子，或是湯匙也可以

20 磅小酥餅

半條人造奶油

1 盒 8 盎斯裝的奶狀起司

1 杯篩過的糖粉

$3\frac{1}{2}$ 杯的牛奶

2 包法式香草即溶布丁粉（不要用一般的香草代替），每包 3.4 盎斯

1 盒 12 盎斯裝的起泡奶油

作法：

1. 將一塊小酥餅撥成兩半，留一半來蓋住花盆盆底的洞。

2. 用攪拌器或擀麵棍將小酥餅弄碎。兒童喜歡使用擀麵棍，可以一次放一些小酥餅在塑膠袋裡再擀碎。小酥餅的糖衣會使餅乾屑黏在袋子上，不過你可以用乾淨的手指將它揉下來。

3.將餅乾屑先置放一邊。

步驟 4 及 6 是**成人**或年長兒童的工作。

4.用電動攪拌器將人造奶油、奶狀起司和糖粉拌勻。

5.用另一個碗將布丁粉、牛奶和起泡奶油等拌勻。

6.將步驟 4 及 5 所拌好的材料混合均勻。

7.用半片小酥餅將花盆盆底的洞蓋住。

8.輪流將餅乾屑及布丁混合物放入花盆，頭一層及最後
  一層都放餅乾屑。

9.完成後插上一朵塑膠花。

10.放入冷藏，要吃時再拿出來。

現在你可以用這種美味的泥餅招待客人、家人或班上的小朋友。

十三・*遊戲用麵糰*

這份食譜所做成的東西**不是用來吃的**。

兒童喜歡將麵糰壓擠、滾動、擊打及做成許許多多不同的形狀。下面兩份食譜都試一試，再找出你最喜歡的一種來。

熟麵糰（我最喜歡這種）

材料：

3 杯麵粉

$1\frac{1}{2}$ 杯鹽

2 大匙酸鉀（很重要，一定要加）

3 大匙油（任何烹調用油都可以）

3 杯水

數滴食物色素（可有可無）

作法：

1. 分配給成人和兒童測量的工作，見第 217 頁有用的指
   引 8 及 9。在教室裡，九個兒童各量 $\frac{1}{3}$ 杯麵粉給你，
   總共就會有 3 杯麵粉了。鹽和其他材料也是一樣，所
   以每個人都可輪到。

2. 將所有乾的材料都放到一個大鍋內。

3. 慢慢加入濕的材料，讓每個人輪流攪拌（這不是一件
   輕鬆的工作）。試著讓它變得很光滑，不過如果有一
   點疙瘩也無所謂。

4. 由成人來煮拌好的所有材料，要不斷地攪拌，直到它
   黏成一團為止。

5. 將這團溫熱的麵糰倒在麗光板上。

6. 在麵糰還溫熱時，將麵糰分給每個人，讓他們快快樂
   樂地搓揉著。

搓揉麵糰的感覺很好，而且麵糰會愈揉愈光滑。

存放在密閉的容器內，可一用再用，大約可保存一個月左右。

生麵糰

材料：

全部份量	$\frac{1}{3}$份量
3 杯麵粉	1 杯麵粉
1 杯鹽	$\frac{1}{3}$杯鹽
2 大匙油	2 茶匙油
1 杯水	$\frac{1}{3}$杯水

作法：

用手將所有材料充分混合，直到麵糰黏成一團，然後再加以搓揉，使它變得光滑。

將麵糰存放在密閉容器裡。

如果每個人都想自己做麵團，就使用$\frac{1}{3}$份量的食譜。將麵糰存在容量為一品脫、加有拉鍊密閉的袋子或密閉的容器裡。

製作麵糰是不是很有趣呢？ ☺

附註

註 1： 如果無法帶兒童一起去店裡，就帶一些食物回家
　　　，可以在家裡進行這項活動。

永然法律事務所聲明啟事

　　本法律事務所受心理出版社之委任爲常年法律顧問，就其所出版之系列著作物，代表聲明均係受合法權益之保障，他人若未經該出版社之同意，逕以不法行爲侵害著作權者，本所當依法追究，俾維護其權益，特此聲明。

永然法律事務所

李永然律師

自然科學教育 4

趣味科學——家庭及教室適用的活動

作　　者：Carol Oppenheim

校 閱 者：江麗莉

譯　　者：林翠湄

執行編輯：陳文玲

執行主編：張毓如

總 編 輯：吳道愉

發 行 人：邱維城

出 版 者：心理出版社股份有限公司

社　　址：台北市和平東路二段 163 號 4 樓

總　　機：(02) 27069505

傳　　真：(02) 23254014

郵　　撥：19293172

　E-mail　：psychoco@ms15.hinet.net

網　　址：www.psy.com.tw

駐美代表：Lisa Wu

　Tel　：973 546-5845　　　　　Fax：973 546-7651

法律顧問：李永然

登 記 證：局版北市業字第 1372 號

印 刷 者：呈峰彩色印刷有限公司

初版一刷：1998 年 9 月

初版三刷：2002 年 4 月

定價：新台幣 270 元

ISBN 957-702-281-2

國家圖書館出版品預行編目資料

趣味科學：家庭及教室適用的活動 / Carol
Oppenheim 原作；林翠湄譯. -- 初版. --
臺北市：心理，1998 [民 87]
　　面；　公分. -- （數理教育；4）
譯自：Science is fun！：for families and
classroom groups
　ISBN 957-702-281-2 (平裝)

1.科學—教學法 2.學前教育—教學法

523.23   87011272

讀者意見回函卡

No._____　　　　　　　　　　　　填寫日期：　年　月　日

感謝您購買本公司出版品。為提升我們的服務品質，請惠填以下資料寄回本社【或傳真(02)2325-4014】提供我們出書、修訂及辦活動之參考。您將不定期收到本公司最新出版及活動訊息。謝謝您！

姓名：_____　　性別：1□ 男 2□ 女
職業：1□ 教師 2□ 學生 3□ 上班族 4□ 家庭主婦 5□ 自由業 6□ 其他_____
學歷：1□ 博士 2□ 碩士 3□ 大學 4□ 專科 5□ 高中 6□ 國中 7□ 國中以下

服務單位：_____　部門：_____　職稱：_____

服務地址：_____　電話：_____　傳眞：_____

住家地址：_____　電話：_____　傳眞：_____

書名：_____

一、您認為本書的優點：（可複選）
　❶□ 內容 ❷□ 文筆 ❸□ 校對 ❹□ 編排 ❺□ 封面 ❻□ 其他_____

二、您認為本書需再加強的地方：（可複選）
　❶□ 內容 ❷□ 文筆 ❸□ 校對 ❹□ 編排 ❺□ 封面 ❻□ 其他_____

三、您購買本書的消息來源：（請單選）
　❶□ 本公司 ❷□ 逛書局⇨_____書局 ❸□ 老師或親友介紹
　❹□ 書展⇨___書展 ❺□ 心理心雜誌 ❻□ 書評 ❼□ 其他_____

四、您希望我們舉辦何種活動：（可複選）
　❶□ 作者演講 ❷□ 研習會 ❸□ 研討會 ❹□ 書展 ❺□ 其他_____

五、您購買本書的原因：（可複選）
　❶□ 對主題感興趣 ❷□ 上課教材⇨課程名稱_____
　❸□ 舉辦活動 ❹□ 其他_____　　（請翻頁繼續）

心理出版社有限公司

台北市106和平東路二段163號4樓

TEL:(02)2706-9505
FAX:(02)2325-4014
EMAIL:*psychoco@ms15.hinet.net*

沿線對折訂好後寄回

六、您希望我們多出版何種類型的書籍

❶□ 心理 ❷□ 輔導 ❸□ 教育 ❹□ 社工 ❺□ 測驗 ❻□ 其他

七、如果您是老師，是否有撰寫教科書的計劃：□ 有 □ 無

　　書名/課程：＿＿＿＿＿＿＿＿＿＿＿＿＿＿＿＿＿＿＿＿＿

八、您教授/修習的課程：

　　❶上學期：＿＿＿＿＿＿＿＿＿＿＿＿＿＿＿＿＿＿＿＿

　　❷下學期：＿＿＿＿＿＿＿＿＿＿＿＿＿＿＿＿＿＿＿＿

　　❸進修班：＿＿＿＿＿＿＿＿＿＿＿＿＿＿＿＿＿＿＿＿

　　❹暑　假：＿＿＿＿＿＿＿＿＿＿＿＿＿＿＿＿＿＿＿＿

　　❺寒　假：＿＿＿＿＿＿＿＿＿＿＿＿＿＿＿＿＿＿＿＿

　　❻學分班：＿＿＿＿＿＿＿＿＿＿＿＿＿＿＿＿＿＿＿＿

九、您的其他意見

＿＿＿＿＿＿＿＿＿＿＿＿＿＿＿＿＿＿＿＿＿＿＿＿＿＿＿

謝謝您的指教！　　　　　　　　　　　　　43004